电商物流与互联网金融发展研究

张银霞 ◎ 著

北京工业大学出版社

图书在版编目（CIP）数据

电商物流与互联网金融发展研究 / 张银霞著 . — 北京：北京工业大学出版社，2018.12（2021.5 重印）
ISBN 978-7-5639-6662-2

Ⅰ．①电… Ⅱ．①张… Ⅲ．①电子商务－关系－国际物流－研究②互联网络－应用－金融－研究 Ⅳ．
① F713.36 ② F259.1 ③ F830.49

中国版本图书馆 CIP 数据核字（2019）第 022910 号

电商物流与互联网金融发展研究

著　　者：张银霞
责任编辑：李俊焕
封面设计：点墨轩阁
出版发行：北京工业大学出版社
　　　　　（北京市朝阳区平乐园 100 号　邮编：100124）
　　　　　010-67391722（传真）　bgdcbs@sina.com
经销单位：全国各地新华书店
承印单位：三河市明华印务有限公司
开　　本：787 毫米 ×1092 毫米　1/16
印　　张：11.25
字　　数：225 千字
版　　次：2018 年 12 月第 1 版
印　　次：2021 年 5 月第 2 次印刷
标准书号：ISBN 978-7-5639-6662-2
定　　价：48.00 元

前　言

随着我国进入互联网时代，网络信息技术得到了快速提升，电子商务的出现为市场更好地发展奠定了基础，并推动了各个行业信息化水平的全面提升。所谓电子商务，就是利用网络与通信等电子技术开展的商务活动，它是 20 世纪信息化、网络化发展的产物，由信息流、商流、物流、资金流组成。现代物流提高了人们物质交流的速率，改变了人们的生活方式，尤其是在电子商务蓬勃发展的今天，其与物流经济相辅相成，相互影响。物流行业作为我国近年来逐渐兴起的热门行业，应当与时俱进，不断促进自身管理模式的优化与创新，以便更好地应对激烈的市场竞争。现代物流产业和电子商务是相互依存的关系，现代物流支撑着电子商务的发展。

电商和物流是现代商品流通的两大手段，其中物流服务于商流，是实现以顾客为中心理念的保证；而电商则是保证物流可持续快速发展的重要条件之一。在互联网背景下，各大电商企业竞争日益激烈，为了获取更大的市场资源，其对物流业的未来提出了更高、更迫切的要求。因此电商物流便应运而生。我国的互联网技术在近几年发展得十分迅速，其对带动经济发展具有非常大的作用，它多方面的优点与经济发展可以相互结合，它的便捷性、全面性、安全性等特点可以更好地服务于企业与消费者。随着我国经济的不断发展，互联网金融行业发挥的作用越来越突出，并逐渐成为现阶段我国新型的金融模式。互联网金融以其成本低、覆盖面广、效率高、发展快的特点迅速融入人们的日常生活之中。

本书首先对电商物流进行概括性论述，接着详细阐释了电商物流的技术应用与发展趋势，以及电子商务环境下的物流模式，并对物流金融的相关理论进行了必要的分析，然后对互联网金融进行了介绍，最后探索了互联网金融平台模式的发展，并对互联网金融的发展前景与挑战进行了深入讨论，这对研究电商物流与互联网金融发展具有重要意义。

本书共 7 章约 20 万字，由河北政法职业学院张银霞撰写。笔者在撰写本书的过程中，吸收了部分专家、学者的研究成果和著述内容，在此对相关作者表示感谢。书中如有不足之处，敬请广大读者多提宝贵意见，以便进一步补充和完善。

张银霞

2018 年 8 月

目　录

第一章　电商物流概述

第一节　电子商务的内涵及作用

一、电子商务的概述

电子商务，顾名思义，就是利用计算机技术和网络通信进行的商务活动。很多人眼中看到的电子商务只是电子商务的某一种应用形式，有时又称为电子商务应用模式，这种应用往往是通过网站表现出来的，因而许多人认为电子商务不过就是一个拥有 Web 的站点，但实际上电子商务的内涵远不止这些。

（一）关于电子商务的一些片面认识

1. 电子商务 = 计算机 + 商务

这种观点认为：电子商务就是把普通的商务活动变成无纸化的电子商务活动，投资建设电子商务的基础网络平台是重点内容。例如，全球信息基础设施委员会的定义是："电子商务是运用电子通信作为手段的经济活动，通过这种方式人们可以对带有经济价值的产品和服务进行宣传、购买与结算。这种交易的方式不受地理位置、资金多少或零售渠道的所有权影响，共有、私有、公司、政府组织、各种社会团体、一般公民、企业家都能自由参加的广泛的经济活动。电子商务能使产品在世界范围内交易并向消费者提供多种多样的选择"。

电子商务是一个不断发展的概念，电子商务的先驱国际商用机器公司（IBW）于 1996 年提出了 electronic commerce（E-commerce）的概念；到了 1997 年，该公司又提出了 electronic business（E-business）的概念。但我国在引进这些概念的时候都翻译成了电子商务，很多人对这两者的概念产生了混淆。事实上这两个概念及内容是有区别的，E-commerce 应翻译成电子商业，有人将 E-commerce 称为狭义的电子商务。将 E-business 称为广义的电子商务。E-commerce 是指实现整个贸易过程中各阶段贸易活动的电子化。E-business

是利用网络实现所有商务活动业务流程的电子化。E-commerce 集中于电子交易，强调企业与外部的交易与合作，而 E-business 则把涵盖范围扩大了很多，广义上指使用各种电子工具从事商务或活动，狭义上指利用 Internet 从事商务或活动。

HP 公司提出电子商务是以现代扩展企业为信息技术基础结构，电子商务是跨时域、跨地域的电子化世界（e-world），e-world=electronic commerce+electronic business+electronic consumer。

2. 电子商务就是建网页建网站

这种观点认为，电子商务是通过网络进行的商务活动，因而企业建立起自己的网页或网站就成为必然的一种趋势。于是自然认为电子商务就是建立网页或网站，然后通过网站就能完成商务活动。当然一个优秀的网站是能够把企业的大部分商务活动通过网络来完成。但电子商务绝不是这么简单。由于电子手段的采用，传统的商务流程有很多地方发生了变化，如果仅仅将原来的商务活动模式集成到网站上来，还按传统的商务活动模式进行活动，则不能充分发挥电子手段的优势，甚至还会给企业增加额外的成本。

事实上，一些企业也正是由于增加了电子商务业务，又没有放弃原来的商务活动而增加了费用和支出的。如果说电子商务就是建立网页或网站，那么所有的企业都可以在一夜之间实现电子商务化，也没有必要进行基础平台的建设。因此这种认识是片面的。

3. 电子商务就是网上交易，就是 B2B 和 B2C

这种认识是基于电子商务是电子条件下的商务活动，但对于商务活动的认识比较片面而形成的，实际上是把商务活动等同于买卖本身而形成的。

国内许多学者已经意识到，电子商务是商务活动主体在法律允许的范围内利用电子手段和其他客体要素所进行的商务活动。这一概念明确指出了商务是基础，电子是条件。电子商务的本质是对商务活动的重新设计，同时能够将更多的领域联系起来。电子商务活动不仅包括买卖本身，还包括买卖之前的信息沟通、信息传递、商务条件的谈判、合同签订与管理、广告宣传活动、企业形象的设计、企业之间的合作关系建立与维护、客户关系的发展与维护、合作伙伴之间的协作，企业与社区的关系等。而这些活动占了电子商务的大部分，还有一项非常重要的工作就是基于网络的企业流程的重组。因此认识电子商务，首先应当对商务活动有一个全面的重新认识，电子商务就是要通过电子手段将这些商务活动整合起来。基于这一特点，电子商务还将创造出许多新的商务活动形式。此外还应当把电子商务看成一种新的浪潮，它将改变整个人类的生存状态，所有企业都要或迟或早地参加进来，唯一不同的是企业参与程度的深浅。总之，本书对电子商务的定义是：应用网络的手段对商务活动的重新构建，它不但将原有的商务活动重新整合，还要创造出新的商务活动形式，同时要将更多的领域联系起来。从而改变人类的生存状态的一种新的信息时代的商务浪潮。可以说它不但创造了新的商务活动形式，还催生了新的法律。

（二）电子商务的概念

1997年11月6日至7日，国际商会在巴黎举行了世界电子商务会议（The World Business Agenda for Electronic Commerce）。全世界商业、信息技术、法律等领域的专家和政府部门的代表，共同探讨了电子商务的概念问题。这是迄今为止对电子商务概念进行的最权威的解释。电子商务，是指实现整个贸易活动的电子化，从涵盖范围可以定义为交易各方以电子方式交易，而不是以当面交换或直接面谈方式进行的商业交易。从技术方面可以将电子商务定义为一种多技术的集合体，包括交换数据（如电子数据交换、电子邮件）、获得数据（如共享数据库、电子公告牌）及自动捕获数据（如条形码）等。

电子商务涵盖的业务包括：信息交换、售前售后服务（如提供产品和服务的细节、产品使用技术指南、回答顾客意见）、销售、电子支付（如使用电子资金转账、信用卡、电子支票、电子现金）、运输（包括商品的发送管理和运输跟踪以及可以电子化传送的产品的实际发送）、组建虚拟企业（组建一个物理上不存在的企业，集中一批独立中小公司的权限，提供比任何单独公司多得多的产品和服务）、公司和贸易伙伴可以共同拥有和运营共享的商业方法等。

欧洲议会关于电子商务给出的定义是：电子商务是通过数字方式进行的商务活动的过程。它通过数字方式处理和传递数据，包括文本、声音和图像。它涉及许多方面的活动，包括货物数字贸易和服务、在线数据传递、数字资金划拨、数字证券交易、数字货运单证、商业拍卖、合作设计和工程、在线资料、公共产品获得。它包括了产品（如消费品、专门设备）和服务（如信息服务、金融和法律服务）、传统活动（如健身、体育）和新型活动（如虚拟购物、虚拟训练）。

美国学者瑞维·卡拉科塔和安德鲁 B.惠斯顿在他们的专著《电子商务的前沿》中提出：广义地讲，电子商务是一种现代商业方法。这种现代商业方法通过改善产品质量和服务质量、提高服务传递速度，以满足政府组织、厂商和消费者降低成本的需求。这一概念也用于通过计算机网络寻找信息以支持决策。一般地讲，今天的电子商务通过计算机网络将买方和卖方的信息、产品与服务器联系起来，而未来的电子商务则通过构成信息高速路的无数条计算机网络中的一条将买方和卖方联系起来。

专业网站的电子商务活动，狭义上被称为电子交易（E-commerce），主要是指利用因特网（Internet）开展的在电子商务网站上的交易活动，它仅仅将 Internet 上进行的交易活动归属于电子商务活动。而广义的电子商务是指利用电子技术对整个商业活动实现电子交易活动的电子化，如市场分析、客户管理、资源调配、企业决策等。归纳起来，电子商务是指在全球各地广泛的商业贸易活动中，通过信息化网络所进行并完成的各种商务活动、交易活动、金融活动和相关的综合服务活动。

二、电子商务产生的背景

目前人们所提及的电子商务多指网络上开展的商务活动，即通过企业内部网、外部网和因特网进行的商务活动就是电子商务。然而，电子商务还有其广义的定义，即一切利用计算机技术和网络通信技术进行的商务活动。

实际上早在电报刚出现也就是 1839 年的时候，人们就利用电子手段进行着简单的商务活动，即买卖双方在交易过程中以意见交换、贸易文件等形式，开始以莫尔斯码形式在电线中传输，这就是电子商务的萌芽。紧接着，传真、电话及电视等电子工具相继诞生，商务活动中可应用的电子工具得到了进一步扩充。

电报是用电信号传递文字、照片及图表的一种通信方式。随着社会的进步，将基于计算机的文本编辑、字处理技术与通信结合，智能用户电报也产生了。电报是最早的电子商务工具。

传真提供了一种快速进行商务通信和文件传输的方式。它传输文件的速度相比传统的信函服务更快。随着传真技术几次大的飞跃，传真在新闻、气象、公安、商贸及办公室等领域的应用日益广泛，并进入普通家庭的日常生活。然而，传真传送时缺乏传送声音和复杂图形的能力，使得其在个体消费者中无法普及。

与传真不同，电话则是一种使用广泛的电子商务工具。在一些非标准的交易活动中，用电话比通过信函更容易进行谈判。之前电话通信仅限于两人之间的声音交流，而可视电话使商务对话成为现实。

随着时代的进步，电视进入越来越多的家庭，电视广告和电视直销在商务活动中也日益重要。但是，消费者仍然需要通过电话订购。换句话说，电视这种通信方式是一种"单通道"的通信方式，消费者没办法直接与卖家谈判交易条件。

由于这几种通信方式各有优缺点，因此人们互为补充地在商务活动中使用它们。今天，这些传统的电子工具仍然在商务活动中发挥着重要作用。

电子商务早期的形式是电子数据交换（electronic data interchange，EDI）。EDI 起源于交通运输，后来逐步发展到电信、金融、医疗、贸易等领域。近年来随着网络的兴起和普及，利用遍布各地的网络来进行信息的传输成为可能，这大大推动了 EDI 在贸易领域的应用，从而提出了电子商务的理念。

国际标准化组织将 EDI 定义为一种电子传输方法，使用这种方法，首先将商业或行政事务处理中的报文数据按照一个公认的标准，形成结构化的事务处理的报文数据格式，进而将这些结构化的报文数据经由网络，从一台计算机传输到另一台计算机。从 EDI 的定义可以看出，它是商务往来的重要工具，所以 EDI 被认为是电子商务的早期形式，也称它为 EDI 电子商务。

在 EDI 应用的早期，用户之间通常是利用公共通信线路直接建立数据交换关系，但这种直接连接方式存在诸多弊端，因此现在很少使用。目前使用的是通过专门的网络服务商提供的增值服务，即增值网（value-added network，VAN）来建立用户之间的数据交换方式。而因特网的出现也对 EDI 产生了重大影响。它的兴起将分布于世界各地的信息网络、网络站点、数据资源和用户有机地结合起来，在全球范围内实现了信息资源的共享，使得通信方便快捷，大大扩展了参与交易的范围。相对于私有网和传统的增值网来说，Internet 可以花费较少的费用实现世界范围的连接。因特网和 EDI 的结合，使得传统的 EDI 从专门网络扩大到了因特网。这种互联手段创造了一个较为廉价的服务环境，满足了大量中小企业的需求，同时也使 EDI 至今仍被使用着。

三、电子商务的类型

（一）根据电子商务发生的对象分类

电子商务有 B2B、B2C、C2C、B2M，B2A、C2A 等几种模式。

1.B2B 模式

B2B 是指 business to business。商家（泛指企业）对商家的电子商务，即企业与企业之间通过互联网进行产品、服务及信息的交换。通俗的说法是指进行电子商务交易的供需双方都是商家（或企业、公司），他们使用了 Internet 的技术或各种商务网络平台，完成商务交易的过程。这些过程包括发布供求信息，订货及确认订货，支付过程及票据的签发、传送和接收，确定配送方案并监控配送过程等。有时写作 B to B，但为了简便干脆用其谐音 B2B（2 即 to）。B2B 模式的典型代表是阿里巴巴、中国制造网、慧聪网等。

2.B2C 模式

B2C 是指 business to customer。B2C 模式是我国最早产生的电子商务模式，以 8848 网上商城正式运营为标志。B2C 模式即企业通过互联网为客户提供一个新型的购物环境——网上商店。客户通过网络在网上购物和支付。由于这种模式节省了客户和企业的时间和空间，大大提高了交易效率，特别是对于工作忙碌的上班族。

3.C2C 模式

C2C 是指 consumer to consumer。C2C 模式同 B2B 模式、B2C 模式一样，都是电子商务模式之一。不同的是 C2C 模式是客户对客户的模式。C2C 模式商务平台就是通过为买卖双方提供一个在线交易平台，使卖方可以主动提供商品进行上网拍卖，而买方可以自行选择商品进行竞价。C2C 模式的典型代表是淘宝网等。

4.B2M 模式

B2M 是指 business to manager。B2M 模式是相对于 B2B 模式、B2C 模式、C2C 模式的电子商务模式而言的，是一种全新的电子商务模式。这种电子商务相对于以上 3 种有着本质的不同，其根本区别在于目标客户群的性质不同，前三者的目标客户群都是作为一种消费者的身份出现，而 B2M 模式所针对的客户群是该企业或者该产品的销售者或者为其工作者，而不是最终消费者。企业通过网络平台发布该企业的产品或者服务，职业经理人通过网络获取该企业的产品或者服务信息，并且为该企业提供产品销售或者提供企业服务，企业通过职业经理人的服务获得销售产品或者获得服务的目的。职业经理人通过为企业提供服务而获取佣金。B2M 模式与传统电子商务相比有了巨大的改进，除了面对的客户群体有着本质的区别外，B2M 模式具有一个更大的特点和优势：电子商务的线下发展。以上三者传统电子商务的特点是商品或者服务的买家和卖家都只能是网民，而 B2M 模式能将网络上的商品和服务信息完全地走到线下。企业发布信息，职业经理人获得商业信息，并且将商品或者服务提供给所有的百姓，不论是线上还是线下。以中国市场为例，传统电子商务网站面对 1.4 亿网民，而 B2M 模式面对的则是 14 亿中国公民。

5.B2A 模式

B2A 是指 business to administrations。商业机构对行政机构的电子商务是指企业与政府机构之间进行的电子商务活动。例如，政府将采购的细节在国际互联网上公布，通过网上竞价方式进行招标，企业也要通过电子的方式进行投标。目前这种方式仍处于初期的试验阶段，但可能会发展很快。因为政府可以通过这种方式树立政府形象，通过示范作用促进电子商务的发展。除此之外，政府还可以通过这类电子商务活动对企业的行政事务实施管理，如政府用电子商务方式发放进出口许可证、开展统计工作，企业可以通过网上办理交税和退税等。政府应在推动电子商务发展方面起到重要的作用。在美国，克林顿政府已决定对 70% 的联邦政府的公共采购实施电子化。在瑞典，政府已决定至少 90% 的公共采购将在网上公开进行。我国的"金关工程"就是要通过商业机构对行政机构实施电子商务，如发放进出口许可证、办理出口退税、电子报关等，建立我国以外贸为"龙头"的电子商务框架，并促进我国各类电子商务活动的开展。

6.C2A 模式

C2A 是指 consumer to administrations。消费者对行政机构的电子商务，是指政府对个人的电子商务活动。这类电子商务活动目前还没有真正形成。然而，在个别发达国家，如在澳大利亚，政府的税务机构已经通过指定私营税务，或财务会计事务所用电子方式来为个人报税。这类活动虽然还没有达到真正的报税电子化，但是它已经具备了消费者对行政机构电子商务的雏形。随着商业机构对消费者，以及商业机构对行政机构的电子商务活动的发展，政府将会对个人实施更为全面的电子方式服务。政府各部门向社会纳税人提供的各种服务，如社会福利金的支付等，将来都会在网上进行。

（二）根据电子商务交易涉及的商品内容分类

根据电子商务交易涉及的商品内容分类，电子商务主要包括直接电子商务和间接电子商务两类。

1. 直接电子商务

直接电子商务涉及的商品是无形的货物和服务，如计算机软件、娱乐内容的联机订购、付款和交付，或者是全球规模的信息服务。直接电子商务能使双方越过地理界线直接进行交易，充分挖掘全球市场的潜力。目前我国大部分的农业网站都属于这一类，但这还不是真正意义上的直接电子商务。

2. 间接电子商务

间接电子商务涉及的商品是有形货物的电子订货，如鲜花、书籍、食品、汽车等，交易的商品需要通过传统的渠道，如邮政业的服务和商业快递服务来完成送货，因此，间接电子商务要依靠送货的运输系统等外部要素。

（三）根据电子商务使用的网络类型分类

根据电子商务使用的网络类型的不同，电子商务可以分为如下 3 种形式。

1. 电子商务

EDI 电子商务是按照一个公认的标准和协议，将商务活动中涉及的文件标准化和格式化，通过计算机网络，在贸易伙伴的计算机网络系统之间进行数据交换和自动处理。EDI 电子商务主要应用于企业与企业、企业与批发商、批发商与零售商之间的批发业务。EDI 电子商务在 20 世纪 90 年代已得到较大的发展，技术上也较为成熟，但是因为开展 EDI 电子商务对企业有较高的管理、资金和技术等方面的要求，因此至今尚不太普及。

2. Internet 电子商务

这是指利用连通全球的 Internet 开展的电子商务活动。在 Intranet 上可以进行各种形式的电子商务活动，所涉及的领域广泛，全世界各个企业和个人都可以参与，其正以飞快的速度在发展，前景十分诱人，是目前电子商务的主要形式。Intranet 电子商务包含 3 个方面：信息服务、交易和支付。主要内容包括：电子商情广告、电子选购和交易、电子交易凭证的交换、电子支付与结算、以及售后的网上服务等。其主要交易类型有企业与个人的交易（B to C 方式）和企业之间的交易（B to B 方式）两种。参与 Intranet 电子商务的实体有 4 类：顾客（个人消费者或企业集团）、商户（包括销售商、制造商、储运商）、银行（包括发卡行、收单行）及认证中心。

3. 内联网络电子商务

这是指在一个大型企业的内部或一个行业内开展的电子商务活动，其可以形成一个商务活动链，进而可以大大提高工作效率和降低业务成本。例如，中华人民共和国专利局的主页，客户在该网站上可以查询有关中国专利的所有信息和业务流程，这是内联网电子商务在政府机关办公事务中的应用。已经开通的上海网上南京路一条街主页，包括了南京路上的主要商店，客户可以在网上游览著名的上海南京路商业街，并在网上的南京路商店中以电子商务的形式购物。已开始营业的北京图书大厦主页，客户可以在此查阅和购买北京图书大厦经营的几十万种图书。

四、电子商务的特征

（一）电子商务离不开现代信息技术

现代社会对信息技术的依赖程度越来越高，现代信息技术服务业已经成为电子商务的技术支撑体系。

无论是电子商务的进行还是完善都需要依靠现代信息技术。电子商务是依靠国际互联网、企业内部网络等计算机网络技术来完成信息的交流和传输的。同时企业要对电子商务所对应的软件和信息处理程序进行不断优化，从而适应市场的需要。在这个动态的发展过程中，现代信息技术已成为电子商务发展完善的强有力的支撑。

（二）电子商务的运作空间为电子虚拟市场

电子虚拟市场（electronic marketplace）是指电子商务活动中的生产者、中间商和消费者在某种程度上以数字方式进行交互式商业活动的市场。电子虚拟市场从广义上来讲就是电子商务的运作空间。近年来，西方学者给电子商务运作空间赋予了一个新的名词 marketspace（市场空间，或虚拟市场），在这种空间中，生产者、中间商与消费者用数字方式进行交互式的商业活动，创造数字化经济（the digital economy）。电子虚拟市场将市场经营主体、市场经营客体和市场经营活动的实现形式，全部或部分地进行了电子化、数字化或虚拟化。

（三）电子商务以全球市场为市场范围

在国际互联网技术支持下电子商务的市场范围超越了传统意义上的市场范围，不再具有国内市场与国际市场之间的明显标志。企业市场范围扩大的同时，客户个人也可以跨越国界进行交易，从而使得国际贸易进一步多样化。从企业的经营管理角度看，国际互联网为企业提供了跨越时间与空间范围的全球经营。

（四）电子商务以全球消费者为服务对象

当今信息时代，电子商务数字化的革命已经深刻地影响到我们每一个人，并改变着人们的消费习惯与工作方式。无论是"高新与传统相结合"的运作方式，还是生产消费管理结构的虚拟化的深入，均使得世界经济快速进入"创新中心、营运中心、加工中心、配送中心、结算中心"的分工过程中。随之而来的发展则是人们的数字化生存，因此电子商务实际是一种新的生产与生活方式。今天网络消费者已经实现了跨越时空界限的目标，即不用离开家或办公室，人们就可以通过进入网络电子杂志、报纸获取新闻与信息，了解天下大事，并且可以购买到从日常用品到书籍、保险等一切商品或劳务。

（五）电子商务以迅速、互动的信息反馈方式为其高效运营提供保证

通过电子信箱、文件传送协议（FTP）、网站等媒介，电子商务中的信息传递告别了以往迟缓、单向的特点，迈出了通向信息时代、网络时代的重要步伐。在这样的情形下，原有的商业销售与消费模式正在发生变化。由于任何国家的机构或个人都可以浏览到上网企业的网址，并随时可以进行信息反馈与沟通，因此国际互联网为工商企业从事电子商务的高效运营提供了国际舞台。

（六）电子商务用新的商务规则为安全交易做出保证

由于结算中的信用瓶颈始终是电子商务发展进程中的障碍性问题，参与交易的双方、金融机构都应当维护电子商务的安全、通畅与便利，因此制定合适的"游戏规则"就成了十分重要的考虑。这涉及各方之间的协议与基础设施的配合，借此保证资金与商品的安全转移。

五、电子商务的作用

电子商务与传统商务不同，其将传统商务的流程进行了电子化、数字化，这样不仅以电子流替代了实物流，减少了人力、物力，降低了成本，同时也突破了时间、空间的限制，使得交易活动可以随时随地进行，从而大大提高了效率。电子商务的功能是对传统商务功能的补充与完善。

（一）电子商务的一般作用

电子商务可提供网上交易和管理等全过程的服务，因此它具有广告宣传、咨询洽谈、网上订购、网上支付、电子账户、服务传递、意见征询、交易管理等各项功能。

1. 广告宣传

电子商务可凭借企业的万维网（Web）服务器和客户的浏览，在因特网上发播各类商业信息。客户可借助网上的检索工具（Search）迅速地找到所需商品信息，而商家可利用网上主页（homepage）和电子邮件（E-mail）在全球范围内做广告宣传。与以往的各类广告相比，网上的广告成本最为低廉，而给顾客的信息量却最为丰富。

2. 咨询洽谈

电子商务可借助非实时的 E-mail，新闻组（news group）和实时的讨论组（chat）来了解市场和商品信息、洽谈交易事务，如有进一步的需求，还可用网上的白板会议（whiteboard conference）来交流即时的图形信息。网上的咨询和洽谈能超越人们面对面洽谈的限制，提供多种方便的异地交谈形式。

3. 网上订购

电子商务可借助 Web 中的 E-mail 交互传送实现网上订购。网上订购通常都是在产品介绍的页面上提供十分友好的订购提示信息和订购交互格式框。当客户填完订购单后，通常系统会回复确认信息单来保证订购信息的收悉。订购信息也可采用加密的方式使客户和商家的商业信息不会泄露。

4. 网上支付

电子商务要成为一个完整的过程，网上支付是重要的环节。客户和商家之间可采用信用卡账号进行支付。网上支付可节省交易中很多人员的开销。但网上支付需要更为可靠的信息传输安全性，以防止欺骗、窃听、冒用等非法行为的发生。

5. 电子账户

网上支付必须要有电子金融来支持，即银行或信用卡公司及保险公司等金融单位要为金融服务提供网上操作的服务。而电子账户管理是其基本的组成部分。

信用卡号或银行账号都是电子账户的一种标志。而其可信度需配以必要的技术措施来保证。例如，数字证书、数字签名、加密等手段的应用提供了电子账户操作的安全性。

6. 服务传递

对于已付了款的客户应将其订购的货物尽快地传递到他们的手中。而有些货物在本地，有些货物在异地，E-mail 能在网络中进行物流的调配。而最适合在网上直接传递的货物是信息产品。例如，软件、电子读物、信息服务等。它能直接从电子仓库中将货物发到用户端。

7. 意见征询

电子商务能十分方便地采用网页上的"选择""填空"等格式文件来收集用户对销售服务的反馈意见。这样使企业的市场运营能形成一个封闭的回路。客户的反馈意见不仅能提高售后服务的水平，更能使企业获得改进产品、发现市场的商业机会。

8. 交易管理

整个交易的管理将涉及人、财、物多个方面，如企业和企业、企业和客户及企业内部等各方面的协调和管理。因此，交易管理是涉及商务活动全过程的管理。

电子商务的发展，将会提供一个良好的交易管理的网络环境及多种多样的应用服务系统。这样，能保障电子商务获得更广泛的应用。

（二）电子商务网站的作用

1. 企业宣传与推荐

企业建立自己的电子商务网站并率先打造与树立企业形象，是企业利用网络媒体开展业务的最基本的出发点。电子商务网站是企业对外宣传的窗口，应该让客户通过此窗口方便快捷地了解企业的各种信息，特别是企业的重大活动、产品的最新动态、客户服务的新举措等。如果企业能够利用电子商务网站成功地开展宣传推荐活动，将大大地提升企业的形象。企业在网上进行宣传与推荐应包括以下内容：①企业概况背景简介；②产品与服务介绍；③企业经营业绩及报表；④其他宣传及推荐。

2. 网络营销

企业可以进行产品和服务项目展示。利用网络媒体进行产品推销，无疑使企业多了一条很有前途的营销渠道。电子商务网站在很大程度上是企业开展网络营销的一个平台工具。利用电子商务网站进行营销活动，将会具有传统营销方式无法比拟的优势，开展网上营销活动的电子商务网站除了具备上面提到的电子商务网站的各种功能外，一般还应该提供下面的功能：网上广告、产品展示与报价、商品预定、客户购物信息查询、销售统计分析。

3. 信息搜索与查询

这是体现电子商务网站信息组织能力和拓展信息交流与传递途径的功能。电子商务网站提供信息搜索与查询功能，可以使客户在电子商务数据库中轻松而快捷地找到需要的信息。这是电子商务网站能否使客户久留的重要因素。

4. 商品和服务订购

这是实现客户在线贸易磋商、在线预定商品、网上购物或获取网上服务的业务功能，可提供24h全天候的即时交易。该功能不仅依赖于技术的设计与实现，更依赖于电子商务网站主体在设计时，从简化贸易流程且便于用户操作的角度去构思。

5. 网上支付

这是体现资金流、物流信息活动的功能。对于开展在线交易的网站，有必要提供安全可靠的电子支付方式。主要实现网上交易各方开立账户、转账及货款支付和结算功能，支付方式可以选择邮局汇款、银行一卡通，以及借助银行、金融等电子交易支付和结算系统等完成。

6. 客户关系管理

这是反映电子商务网站主体能否以客户为中心、能否充分地利用客户信息挖掘市场潜力的有重要利用价值的功能。电子商务网站为企业提供了一种为客户服务和与客户保持联系的新渠道和新方式。客户可以通过电子商务网站直接向企业或厂商咨询信息、发表看法、进行投诉等。企业也可以通过电子商务网站向客户提供各种商品信息、技术支持，收集客户的反馈信息并向其提供个性化服务，保持客户的忠诚度。

7. 销售业务信息管理

完善的电子商务网站还要包括销售业务信息管理功能，从而使企业能够及时地接收、处理、传递与利用相关的数据资料，并使这些信息有序而有效地流动起来，为组织内部的企业资源计划（ERP）、决策支持系统（DSS）或管理信息系统（MIS）等提供信息支持。

电子商务网站的功能关系到电子商务业务能否具体实现，因此电子商务网站功能的设计是电子商务实施与运作的关键环节，是电子商务应用系统构建的前提。由于在网上开展的电子商务业务不尽相同，因此每一个电子商务网站在具体实施功能上也不相同。

第二节　电子商务与物流之间的关系

一、电子商务对物流活动的影响

物流与电子商务的关系极为密切。一方面，物流是电子商务不可缺少的支撑体系，网上完成交易的货物必须通过物流系统送到购买者手中；另一方面，物流的信息交易和组织管理也要借助电子商务的手段实现，从而使物流效率更高、物流资源利用更加充分。物流在未来的发展与电子商务的影响是密不可分的，可以这样理解这种关系：物流本身的矛盾促使其发展，而电子商务恰恰提供了解决这种矛盾的手段；反过来，电子商务本身矛盾的解决，也需要物流来提供手段，新经济模式要求新物流模式。

（一）改变人们传统的物流观念

电子商务是一种新兴的商务活动，它为物流创造了一个虚拟性的运动空间。在电子商务的状态下，人们在进行物流活动时，物流的各种职能及功能可以通过虚拟化的方式表现出来，在这种虚拟化的过程中，人们可以通过各种组合方式，寻求物流的合理化，使商品实体在实际的运动过程中，达到效率最高、费用最省、距离最短、时间最少的功能。电子商务对传统物流观念的影响，可以从以下几个方面来理解：

① 物流系统中的信息变成了整个供应链运营的环境基础。网络是平台，供应链是主体，电子商务是手段。信息环境对供应链的一体化起着控制和主导的作用。

② 企业的市场竞争将更多地表现为以外联网所代表的企业联盟的竞争。换句话说，网上竞争的直接参与者将逐步减少。更多的企业将以其商品或服务的专业化比较优势，参加到以核心企业——或有品牌优势，或有知识管理优势——为龙头的分工协作的物流体系中去，在更大的范围内建成一体化的供应链，并作为核心企业组织机构虚拟化的实体支持系统。供应链体系的纵向和横向的无限扩张可能性，对企业提出的要求为要么是更广泛的联盟化，要么就是更深度的专业化。显然，在电子商务的框架内，联盟化和专业化是互为表里并统一在物流一体化的体系之中的。

③ 市场竞争的优势将不再是企业拥有的物质资源有多少，而是在于它能调动、协调、最后能整合多少社会资源来增强自己的市场竞争力。因此，企业的竞争将是以物流系统为依托的信息联盟或知识联盟的竞争。物流系统的管理也从对有形资产存货的管理转为对无形资产信息或知识的管理。

④ 物流系统面临的基本技术经济问题，是如何在供应链成员企业之间有效地分配信息资源，从而使得全系统的客户服务水平最高，即追求物流总成本最低的同时为客户提供个性化的服务。

⑤ 物流系统由供给推动变为需求拉动。当物流系统内的所有方面都得到网络技术的支持时，客户对产品的可得性将极大地提高。同时，将在物流系统的各个功能环节上极大地降低成本，如降低采购成本、减少库存成本、缩短产品开发周期、为客户提供有效的服务、降低销售和营销成本及增加销售的机会等。

（二）改变物流的运作方式

电子商务可使物流实现网络的实时控制。传统物流活动在其运作过程中，不管其是以生产为中心，还是以成本或利润为中心，其实质都是以商流为中心，从属于商流活动，因而物流的运动方式是紧紧伴随着商流来运动的。而在电子商务下，物流的运作是以信息为中心的，信息不仅决定了物流的运动方向，而且也决定着物流的运作方式。在实际运作过程中，通过网络上的信息传递，可以有效地实现对物流的实时控制，实现物流的合理化。

网络对物流的实时控制是以整体物流来进行的。在传统的物流活动中，虽然也依据计算机对物流进行实时控制，但这种控制都是以单个的运作方式来进行的。例如，在实施计算机管理的物流中心或仓储企业中，所实施的计算机管理信息系统，大都是以企业自身为中心来管理物流的。而在电子商务时代，网络全球化的特点，可使物流在全球范围内实施整体的实时控制。

（三）改变物流系统的结构

由于网上客户可以直接面对制造商并可获得个性化服务，故传统物流渠道中的批发商和零售商等中介将逐步淡出，但是区域销售代理将受制造商委托逐步加强其在渠道和地区性市场中的地位，并作为制造商产品营销和服务功能的直接延伸。

网上时空的"零距离"特点与现实世界的反差增大，客户对产品的可得性的心理预期加大，以致企业交货速度的压力变大。因此，物流系统中的港、站、库、配送中心、运输线路等设施的布局和结构及任务将面临较大的调整。例如，美国的计算机巨头尤尼西斯系统公司在1988年采用了EDI的物料需求计划（MRP）系统后，将其欧洲区的5个配送中心和14个辅助仓库缩减为1个配送中心。在企业保留若干地区性仓库以后，更多的仓库将改造为配送中心。由于存货的控制能力变强，物流系统中仓库的总数将减少。

由于信息共享的即时性使制造商在全球范围内进行资源配置成为可能，故其组织结构将趋于分散并逐步虚拟化。当然，这主要是那些拥有品牌的、产品在技术上已经实现功能模块化和质量标准化的企业。

大规模的电信基础设施建设，将使那些能够在网上直接传输的有形产品的物流系统隐形化。这类产品主要包括书报、音乐、软件等，即已经数字化的产品的物流系统将逐步与网络系统重合，并最终被网络系统取代。

（四）改变物流企业的经营形态

电子商务将改变物流企业对物流的组织和管理。在传统经济条件下，物流往往是从某一企业来进行组织和管理的，而电子商务则要求物流以社会的角度来实行系统的组织和管理，以打破传统物流分散的状态。这就要求企业在组织物流的过程中，不仅要考虑本企业的物流组织和管理，而且更重要的是要考虑全社会的整体系统。

电子商务将改变物流企业的竞争状态。在传统经济活动中，物流企业之间存在激烈的竞争，这种竞争往往是依靠本企业提供优质服务和降低物流费用等方面来进行的。而在电子商务时代，这些竞争内容虽然依然存在，但有效性却大大降低了。原因在于电子商务需要一个全球性的物流系统来保证商品实体的合理流动，对于一个企业来说，即使它的规模再大，也是难以达到这一要求的。这就要求物流企业应相互联合起来，在竞争中形成一种协同竞争的状态，以实现物流高效化、合理化、系统化。

（五）改善物流基础设施、提高物流技术与管理水平

电子商务将促进物流基础设施的改善。电子商务高效率和全球性的特点，要求物流也必须达到这一目标。而物流要达到这一目标，良好的交通运输网络、通信网络等基础设施则是最基本的保证。

电子商务将促进物流技术的进步。物流技术主要包括物流硬技术和物流软技术。物流硬技术是指在组织物流过程中所需的各种材料、机械和设施等；物流软技术是指组织高效率的物流所需的计划、管理、评价等方面的技术和管理方法。物流技术包括各种操作方法、管理技能等，如流通加工技术、物品包装技术、物品标识技术、物品实时跟踪技术等；物流技术也包括物流规划、物流评价、物流设计、物流策略等；在计算机网络技术的应用普及后，尤其是电子商务的飞速发展，物流技术中又综合了许多现代技术，如地理信息系统（GIS）、全球卫星定位（GPS）、电子数据交换（EDI）、条形码（Bar code）等。

电子商务将促进物流管理水平的提高。物流管理水平的高低直接决定和影响着物流效率的高低，也影响着电子商务高效率优势的实现问题。只有提高物流的管理水平，建立科学合理的管理制度，将科学的管理手段和方法应用于物流管理当中，才能确保物流的畅通进行，实现物流的合理化和高效化。

二、物流对电子商务的影响

（一）物流是电子商务的重要组成部分

在电子商务环境下，商流、资金流与信息流这3种流的处理都可以通过

计算机和网络通信设备实现。物流作为 4 流中最为特殊的一种，是指物质实体的流动过程。对于各种电子出版物、信息咨询服务、有价信息软件等少数商品和服务来说，可以直接通过网络传输的方式进行配送，而对于大多数商品和服务来说，物流仍要经由物理方式传输，通过一系列机械化、自动化工具的应用，准确、及时的物流信息对物流过程的监控，将使物流的流动速度加快，准确率提高，从而有效地减少库存，缩短生产周期。

因此，从根本上来说，物流电子化应是电子商务的一个重要组成部分。缺少了现代化的物流过程，电子商务过程就不完整。物流在电子商务中的作用有：①提高电子商务的效率与效益；②实现电子商务的目标；③扩大电子商务的市场范围；④实现基于电子商务的供应链集成；⑤集成电子商务的商流、信息流与资金流；⑥支持电子商务的快速发展。

由此可见，物流是电子商务的重要组成部分。随着电子商务的推广与应用，物流对电子商务活动的影响日益明显。

（二）物流是实现电子商务的保证

目前的电子商务是靠在网上订货，用物流系统送货。许多网上商店由于解决不了物流问题，因此限制了其送货范围，从而失去了电子商务的跨地域优势，或者要求消费者除支付商品费用外，还要额外支付邮寄费，这迫使消费者放弃电子商务，选择更为安全可靠的传统贸易方式。物流是实施电子商务的关键所在，其原因如下。

① 物流保障生产。无论是在传统的贸易方式下，还是在电子商务方式下，生产都是商品流通之本，而生产的顺利进行需要各类物流活动支持。生产的全过程从原材料的采购开始，便要求有相应的供应物流活动，使所采购的材料到位；在生产的各工艺流程之间，需要原材料、半成品的物流过程，即生产物流；废弃物的处理则需要废弃物物流。可见，整个生产过程实际上就是系列化的物流活动。

② 物流服务于商流。在商流活动中，商品所有权在购销合同签订的那一刻起，便由供方转移到需方，而商品实体并没有因此而移动。在传统的交易过程中，除了非实物交割的期货交易，一般的商流都伴随着相应的物流活动，即商品实体由供方向需方转移。而在电子商务下，消费者通过网上购物，完成了商品所有权的交割过程，即商流过程。但电子商务的活动并未结束，只有商品和服务真正转移到消费者手中，商务活动才告终结。合理化、现代化的物流，通过降低物流费用从而降低成本，优化库存结构，减少资金占压，缩短生产周期，保障了现代化生产的高效进行。相反，缺少了现代化的物流，

无论电子商务是多么便捷的贸易形式，都将难以实现。

③物流是实现以顾客为中心理念的根本保证。电子商务的出现，在最大程度上方便了最终消费者。买卖双方通过网络进行商务活动，降低了交易成本，提高了交易效率。但若缺少了现代化的物流技术，商品迟迟不能到达消费者手中，电子商务给消费者带来的购物便捷等于零，消费者必然会转向他们认为更为安全的传统贸易方式。因此，物流是电子商务中实现以顾客为中心理念的最终保证。

（三）物流是实现电子商务中跨区域物流的重点

在商业运行中，不同的交易方式，会产生不同的物流模式。在电子商务这种交易方式下，物流模式的特点将是国际物流、跨区域物流不断增加，与之相应，第三方物流模式将成为一种必然选择。

1. 电子商务可实现消费者与企业间跨区域物流

企业对消费者的业务（即 B2C）又称直接市场销售，主要包括：①有形商品的电子订货和付款。这类业务需要利用传统的邮政服务或商业送货服务加以配套，所以称为间接电子商务。②无形商品和服务产品的销售。例如，计算机软件、娱乐产品销售、订票、付款、信息服务等，供需双方可以在网上直接实现交易，其又被称为直接电子商务。

但需要注意的是，一位顾客在网上商店购物时，我们不可能事先得知他是本地顾客，还是远程顾客。如果是跨区域购物，那么没有发达的配送系统，将使跨区域物流遇到阻碍或增加物流成本。

2. 电子商务可实现企业与企业间的跨国物流

电子商务的另一种模式是企业与企业之间的网上交易（即 B2B），它主要是通过 EDI 进行的，包括：①企业与其供应商之间采购问题的协调；②物料计划人员与仓储、运输其产品的企业间的业务协调；③销售机构与其产品批发商、零售商之间的协调；④客户服务；⑤企业日常运营活动，内部员工的交流等。

如果企业与企业间的交易是跨国进行的，则双方需通过 EDI 进行商业谈判，达成协议后，一方发货，另一方通知银行付款。在外贸谈判过程中，商品价格中可以包含关税价格和运输费用。这种跨国贸易，已经有一定的历史，EDI 只不过使得该贸易过程更加便捷。

对于大宗商品交易，从产品出货到报关、国际运输及到达地的报关直至配送，整个物流过程要经过多个环节。如果有第三方物流企业能够提供一票到底，门到门的服务，利用多种运输工具，互相配合，联合运输，就可以实现物流合理化，从而大大减少货物周转环节，降低物流费用。交易双方也可以真正实现一手交钱，一手交货。在实际运作中，往往双方需要花费很多的人力、物力进行货物运送；出口方要寻找一家国内物流企业，负责将商品运送到对方口岸；商品到岸，进口方又要在本国寻找一家国内物流企业，或利用自有的配送中心，到海关提货，整个过程不能保证物流的通畅，物流的费用和周期必然大大上升。

3. 第三方物流完善跨区域物流

如果在 B2C 电子商务交易模式中出现跨区域物流，流通费用将大大增加，最理想的解决方法是由第三方物流企业帮助卖方完成商品的送货。

用第三方物流模式，优点主要有以下两方面：①商店的优势是投资少、收益高、经营灵活。网上商店一般都是新建的企业，这些企业在成立初期不可能大力投资建设自己的配送网络，如果由第三方物流企业利用它们完善的网络系统，为这些网上商店向顾客送货，那么，网上商店可以节省大笔的费用。第三方物流企业的专业送货能力，比网上商店更为迅速、更有保证。②如果出现跨区域物流，客户是网上商店难以送货的异地客户，若由处于异地的第三方物流企业送货，则这种送货可轻易完成。只有第三方物流非常发达的时候，网上购物才会得到迅速发展。

对于 B2B 电子商务交易模式，物流成本在商品交易成本中占很大比重，尤其在跨国交易中，没有良好的物流系统为双方服务，这种成本增加的幅度会更大。而各自组建自己的物流系统，不仅难度很大，而且双方在出入境时仍然存在衔接不畅的问题。跨国性的第三方物流企业可以给双方提供最佳的服务，实现门到门的送货。EDI 通过信息将交易双方联系在一起，而第三方物流企业则是通过物流将双方联系在一起。可以预见，随着电子商务发展日趋成熟，跨国、跨区域的物流将日益重要，没有物流网络、物流设施和物流技术的支持，电子商务将受到极大抑制；没有完善的物流系统，电子商务能够降低交易费用，却无法降低物流成本，电子商务所产生的效益将大打折扣。

第三节　电商物流^① SWOT 分析

一、优势分析

（一）物流基础设施建设较完备

我国物流基础设施建设主要包括公路运输、水路运输、铁路运输、航空运输、管道运输、集装箱运输和各种运输节点的建设。交通运输是发展电商物流的重要基础，其发展水平直接决定了我国物流运转的速度和效率。近年来，虽然我国交通运输总体规模不大，与发达国家有一定差距，但是全国各地不断加大对公路、铁路、水路和航空等基础设施的投入力度，政府也通过各种方式对其进行融资，不断加强基础设施建设。目前，我国高速公路通车里程、铁路营运里程、集装箱货物吞吐量等都居世界前列，互联网普及率也在进一步提高。

（二）物流企业发展迅速

我国物流企业虽然处于发展的初期阶段，大部分物流企业规模较小，以中小物流企业为主，但有一部分物流企业规模扩张较快，不断加大信息化资金和人力投入力度，不断创新经营管理模式，管理水平不断改善，服务功能由单一功能向多种功能转变，能针对客户的个性化需求提供增值服务，物流配送中心发展也迅速，数量呈现上升趋势。

二、劣势分析

（一）设施设备落后，信息化程度低

我国物流企业设施设备相对落后，大多数物流企业采用的仓库仍然是普通平房库，设施设备陈旧老化，早已不能满足现代物流企业发展需求。搬运设备以手推叉车和普通起重设备为主，运输车辆使用普通车辆，缺少高效专用车辆，效率低下，分拣部门缺乏现代化的分拣设备，以人工分拣为主，无法满足电商物流企业的需求。我国物流企业信息化程度较低，许多物流企业仍然采用最原始的信息传递方法，以书面作业为主。由于网络基础设施落后，无法实现网上作业或上网费用过高，无法为客户提供及时的信息查询服务，服务水平较低，严重制约了电商物流的发展。除此之外，对于许多重大的物流决策，如配送中心的选址，运输路线的选择，货物调度和库存控制仍然处

---

① 电商物流全称为电子商务物流，本书均用简称。

于半人工决策状态，缺乏信息化技术，缺乏现代化的作业方法和手段，导致货物配送时间延长，配送效率低下，配送成本升高，难以对客户的个性化需求做出快速反应。

（二）缺乏物流专业人才

随着经济的高速发展和科学技术的不断进步，对物流人才的需求呈现上升趋势。电商物流是一门集电子商务和物流的综合性学科，需要的是既懂电子又懂物流及商务的复合型人才，而我国高等教育中物流教育刚刚起步，还没有形成完善的电商物流教育体系。目前我国物流从业人员中，拥有大学学历的非常少，高中及中专毕业人员所占比重较高，素质相对较低，所以从物流人才数量、质量和专业知识结构上看，其远远不能满足我国物流行业发展的需要，即物流人才短缺是限制我国物流行业发展的主要原因之一。

（三）法律和制度不健全

近年来，我国电子商务市场发展飞快，随着网购量的增加，投诉量也与日俱增，但电子商务行业的法律和规章制度的发展相对落后。我国物流行业的相关政策是从以前的计划经济体制下延续下来的，对市场经济执行的并不彻底，没有考虑全球化的经济背景，对实践缺乏具体指导和调整。除此之外，法律大多由地方政府颁布，缺乏规范性和法律责任的制约，没有全国统一性的法律文件，政策数量和种类覆盖面也不全，缺乏可操作性。与电商物流发展相关的部门，如通信等在一些政策、税收方面存在多头领导、相互冲突的局面，思想很难统一。而且，政府对目前电商物流发展滞后和服务监管体系缺失等问题没有引起足够重视。

三、机会分析

（一）市场机遇

目前，我国网购规模不断扩大，网购模式主要包括企业与企业之间的B2B模式、企业与消费者之间的B2C模式和消费者与消费者之间的C2C模式。无论哪种模式，对电商物流需求都呈现出持续上涨的趋势。除此之外，随着电子商务的飞快发展，电子商务设计的行业越来越广，导致我国电商物流覆盖的领域越来越广，小到家用电器，大到钢铁建材。由于设计领域较广，要求电商物流能够提供满足企业需求的个性化的物流服务，如为企业特定的产品提供专门的运输工具和装卸搬运设备，为满足企业运输时间的需求，推出及时配送等，由于运输服务的专业化和个性化，再一次给电商物流市场带来了机遇。

（二）政策机遇

电子商务的发展为电商物流的发展带来了机遇，我国加入世界贸易组织（WTO）的外部环境为外资企业的进入带来了机会。国外一些先进物流企业的进入，为我国引进了先进的物流技术、管理经验和物流管理模式。通过对外资企业的学习，我国国有物流企业可以对我国已有的产业结构进行调整和改进，从而提高我国物流企业的竞争力。

四、威胁分析

（一）理念急需更新

受传统观念影响，人们普遍存在重商流、轻物流的想法，更多关心的是产品如何开发、后期如何销售等问题，而很少重视物流在社会经济发展中的作用，更没有意识到电子商务和物流之间是一种相互依赖、相互促进的关系。由于对电商物流重视程度较低，因此其物流环节薄弱，易出现服务质量低下问题，如延迟交货、货物交错、破损率高等问题。对于电商物流领域出现的一些新理论、新方法、新概念和新技术，如地理信息系统、条形码技术、射频识别技术、供应链管理等概念，人们还没有完全理解和接受，更没有跟本地的实际状况结合，形成一套适合本地发展的理论体系，这些都限制了电商物流的发展。

（二）市场竞争加剧

我国自加入WTO以来，外资企业的进入虽然给我国带来了全新的技术和经验，引入了现代化的设施设备，但也给我国国内物流企业带来了前所未有的竞争和压力。我国国内物流企业处于发展的初期阶段，设备现代化水平较低、信息化水平不高，管理缺乏经验，而大多数物流外资企业在我国经营多年，基础雄厚，尤其是国际性的快递企业，在快递业务方面具有明显优势，在我国快递业市场份额所占比重较高，对我国国内物流企业形成强大竞争压力，使得我国物流行业面临重大挑战。

（三）电子商务对物流服务的要求越来越高

电子商务覆盖领域的增大，为物流行业的发展带来机遇的同时也带来了挑战。电子商务企业和客户已不仅仅满足于基本的物流运输及货物仓储服务，而是希望物流企业能提供实现货物一体化的个性化的服务要求，如针对货物的特殊要求提供专门的运输工具，为货物选择最佳的运输方式，为货物安排最合理的运输路线，满足客户对货物特殊送达时间的需求和客户对于货物送达的快速、准确、低成本的要求等。

第四节　电商物流的特点及发展对策

电子商务和物流相互影响、相互促进、相互渗透，电子商务的发展迎来了物流行业发展的春天，促使传统物流行业向现代物流行业发展。而现代物流体系的逐渐完善，使得电子商务的快捷和方便特性更加凸显。电子商务企业的物流部门在整合物流配送资源的基础上，实现向其他企业提供物流服务就成为其新的发展方向和盈利手段。而物流企业在提供物流服务的基础上，优化整合信息流、商流、资金流和物流，将是物流企业新的发展方向和趋势。

电商物流又称网上物流，就是基于互联网技术，旨在创造性地推动物流行业发展的新商业模式。通过互联网，物流企业能够被更大范围内的货主、客户主动找到，能够在全国乃至世界范围内拓展业务；贸易公司或工厂能够更加快捷地找到性价比最适合的物流企业；网上物流致力把世界范围内最大数量的有物流需求的货主企业和提供物流服务的物流企业都吸引到一起，从而提供中立、诚信、自由的网上物流交易市场，帮助物流供需双方高效达成交易。目前已经有越来越多的客户通过网上物流交易市场找到了客户和合作伙伴及海外代理。网上物流最大价值就是为人们提供了更多的机会。

一、电商物流的特点

电子商务时代的来临，给全球物流带来了新的发展，使物流具备了一系列新特点。

①信息化。电子商务时代，物流信息化是电子商务的必然要求。物流信息化表现为物流信息的商品化、物流信息搜集的数据库化和代码化、物流信息处理的电子化和计算机化、物流信息传递的标准化和实时化、物流信息存储的数字化等。因此，条形码、数据库技术、电子订货系统、电子数据交换、快速反应及有效的客户反应、企业资源计划等技术与观念在我国的物流中将会得到普遍的应用。信息化是一切的基础，没有物流的信息化，任何先进的技术设备都不可能应用于物流领域，信息技术及计算机技术在物流中的应用将会彻底改变世界物流的面貌。

②自动化。自动化的基础是信息化，自动化的核心是机电一体化，自动

化的外在表现是无人化,自动化的效果是省力化,另外还可以扩大物流作业能力、提高劳动生产率、减少物流作业的差错等。物流自动化的设施非常多,如条形码/语音/射频自动识别系统、自动分拣系统、自动存取系统、自动导向车、货物自动跟踪系统等。这些设施在发达国家已普遍用于物流作业流程中,而在我国由于物流业起步晚,发展速度慢,自动化技术的普及还需要相当长的时间。

③网络化。物流领域网络化的基础也是信息化,这里指的网络化有两层含义:一是物流配送系统的网络化,包括物流配送中心与供应商或制造商的联系要通过计算机网络,另外与下游客户之间的联系也要通过计算机网络,如物流配送中心向供应商提出订单这个过程,就可以使用计算机通信方式,借助于增值网上的电子订货系统(EOS)和 EDI 来自动实现,物流配送中心通过计算机网络收集下游客户订货的过程也可以自动完成。二是组织的网络化,即所谓的企业内部网。例如,台湾的电脑业在 20 世纪 90 年代创造出了"全球运筹式产销模式"。这种模式的基本点是按照客户订单组织生产,生产采取分散形式,即将全世界的电脑资源都利用起来,采取外包的形式将一台电脑的所有零部件、元器件、芯片外包给世界各地的制造商去生产,然后通过全球的物流网络将这些零部件、元器件和芯片发往同一个物流配送中心进行组装,由该物流配送中心将组装的电脑迅速发给客户。这一过程需要有高效的物流网络支持,当然物流网络的基础是信息和电脑网络。

物流网络化是物流信息化的必然,是电子商务下物流活动的主要特征之一。当今世界 Internet 等全球网络资源的可用性及网络技术的普及为物流网络化提供了良好的外部环境。物流网络化的发展态势不可阻挡。

④智能化。这是物流自动化、信息化的一种高层次应用,物流作业过程大量的运筹和决策,如库存水平的确定、运输(搬运)路径的选择、自动导向车的运行轨迹和作业控制、自动分拣机的运行、物流配送中心经营管理的决策支持等问题都需要借助于大量的知识才能解决。在物流自动化的进程中,物流智能化是不可回避的技术难题。好在专家系统、机器人等相关技术在国际上已经有比较成熟的研究成果。为了提高物流现代化的水平,物流的智能化已成为电商物流发展的一个新趋势。

⑤柔性化。柔性化本来是为实现以顾客为中心理念而对生产领域提出的,但要真正到柔性化,即真正地能根据消费者需求的变化来灵活调节生产工艺,没有配套的柔性化的物流系统是不可能达到的。20 世纪 90 年代,国际生产领域纷纷推出弹性制造系统(flexible manufacturing system,fms)、计算机集成制造系统(computer integrated manufacturing system,cims)、制造资

源系统（manufacturing requirement planning，mrp）、ERP 及供应链管理的概念和技术。这些概念和技术的实质是要将生产、流通进行集成，根据需求端的需求组织生产，安排物流活动。因此，柔性化的物流正是适应生产、流通与消费的需求而发展起来的一种新型物流模式。这就要求物流配送中心要根据消费需求"多品种、小批量、多批次、短周期"的特色，灵活组织和实施物流作业。

另外，物流设施、商品包装的标准化，物流的社会化、共同化也都是电商物流模式的新特点。

二、我国电商物流的发展对策

（一）SO 策略（扩张型策略）

1. 加大对电子商务的宣传

发掘电子商务潜力，扩大电子商务市场，为电商物流的发展奠定基础；同时要把电子商务与电商物流放在一起进行宣传，电子商务是商业领域的一次革命，而电商物流则是物流领域的一次革命。要改变过去那种重商流、轻物流的思想，把物流提升到竞争战略的地位，注重社会电子化物流系统的发展。

2. 不断加强物流基础设施建设

我国应不断加强公路、铁路、水路、航空、管道等基础设施建设，对其进行科学合理的规划，加强相关站点的改造和建设。物流企业应结合企业短期利益和企业长远发展，对物流中心、配送中心、仓库等进行科学规划和布局。政府作为主导力量，应对物流企业进行监督和管理，使其对物流网络进行科学、合理规划，为物流企业发展提供良好的基础设施，从而提高物流速度和效率。

3. 建立电商物流企业联盟

要想提供完整的供应链服务，在规定的时间提供优质的服务，紧靠企业自己的力量是无法完成的。电商物流联盟是通过供应链节点上相关企业，如供应商、制造商、销售商、电子商务企业和物流企业通过协议达成合作关系，通过建立企业联盟形成规模经济效益。通过企业与企业之间的合作，充分利用企业优势，达成双赢。电子商务企业和物流企业通过电子商务行业协会与物流协会主导，促使其联合，使其业务上达成联盟，形成标准化、规范化管理，从而提高物流效率，降低物流成本。

（二）WO 策略（扭转型策略）

1. 建设电子化物流系统，完善物流信息平台

要形成全社会的电子化物流系统，政府要在高速公路、铁路、航空、信息网络建设等方面投入大量资金，以保证交通流和信息流的通畅，形成一个覆盖全社会的交通网络和信息网络，为发展电商物流提供良好的社会环境。同时物流企业要投资于现代物流技术，要通过信息网络和物流网络，为客户提供快捷的服务，提高竞争力。要吸引更多的制造企业和商业企业上网，通过上网提高企业的竞争力和盈利水平，促进电子商务的发展，从而促进电商物流的发展。

2. 加强物流设施投入力度，提高物流企业信息化水平

我国要不断加强物流企业设施的投入力度，不断提高物流企业的机械化、自动化和现代化建设水平，无论是货物的包装、运输，还是货物的装卸搬运及分拣，投入先进的设施，有利于提高效率、节约成本。要想提供最佳的物流服务，物流企业必须具有完善的信息管理系统。信息技术的运用提高了数据传输的速度和准确性，提高了仓库的现代化管理水平，通过降低安全库存来降低库存成本。物流信息查询系统的运用，可以快速响应客户需求，当客户输入订单号，就可以随时查询到货物运输的实时情况，这样既提高了信息透明度，又提高了客户满意度。地理信息系统的运用，可以方便客户选择最短的运输路线，对设施设备进行定位。全球定位系统用于路线导航、车辆跟踪等方面。总之，物流企业的发展，离不开物流信息技术的应用。

3. 加快电商物流人才培养力度

物流企业需要的是既懂商务又懂物流的复合型人才，而人才素质的低下成为制约物流企业发展的重要因素。可以通过政府、高校及企业三方面加强电商物流人才的培养。政府通过制定政策，鼓励支持学校开设相关专业，培养高素质人才，鼓励在职人员考取物流职业资格证书，提高已有的物流从业人员素质和水平。学校应和企业合作，通过工学交替、订单培养，调整专业培养方向，整合课程内容，使学校培养出来的学生能满足企业岗位需求。企业也可以通过岗前培训、在职培训、派员工出国深造等方式提高员工个人素质。

（三）ST 策略（多元型策略）

1.更新服务理念

改变人们过去重商流轻物流的观念，加强电子商务和电商物流宣传的力度，不断扩大电商物流市场。向电商物流发展较好的国家学习，引进国外先进的电商物流理论、管理思想、管理方法和全新的技术，吸取国外电商物流管理研究新成果。企业的物流服务交给专业的第三方物流企业完成，使该企业集中精力发展主业，提高企业核心竞争力，提高企业在市场上的战略地位。

2.提高服务水平

为顾客提供全方位、高品质的物流服务成为企业决胜的关键。企业要改变原本的单一送货观念，为客户提供更多的增值服务，如商品订单跟踪、满足顾客特殊送货时间需求、为客户提供特殊运输和搬运工具、代收货款、提供先验货后验收等服务。追求物流产品质量的同时，提高服务质量，物流队伍的形象很大程度上取决于物流工作人员热情和礼貌的态度及良好的沟通方式。

（四）WT 策略（防御型策略）

1.加强政府引导，完善规章制度

我国电商物流处于发展的初期阶段，相关的法律法规还不健全，其严重制约了电商物流的发展。政府应根据行业特点和规律，结合地方法规和物流政策，制定符合我国电商物流发展需要的政策、法律、法规和行业发展战略。对物流相关部门进行协调，对物流市场进行统一，规范电商物流活动，保护合法电子商务交易行为，使物流企业在法律面前人人平等，做到有序经营，规范管理。

2.培育现代电商物流主体，积极发展第三方物流

第三方物流是物流专业化的重要形式，其发展程度反映和体现着一个国家物流业发展的整体水平。随着中国市场经济体制的日趋完善和市场竞争的日益激烈，商家之间的价格战也愈演愈烈，为了保持较高的利润，第三方物流企业成了企业降低成本的选择。发展第三方物流，可以选择以下途径：发展专业化物流，鼓励电子商务企业将自营物流整合为社会化第三方物流企业；重点引导大型生产企业剥离自营物流功能，结合电子商务，实现电子商务物流的社会化、集约化，推动传统物流企业向第三方物流企业转变；积极引进

国内外知名的第三方物流企业及物流中介服务机构，大力发展新兴的电商物流企业，加强与传统储运业的嫁接和联合，着力打造一批在国内有影响、有规模、有实力的第三方物流企业。

第二章　电商物流的技术应用与发展趋势

随着科学技术的飞速发展,以及科学技术向现实生产力的迅速转换,科学技术已经成了推动经济、社会发展的第一生产力。世界范围内新技术革命的日新月异,促使全球经济、社会的发展乃至人们的生活方式不断发生变革。同样,在物流领域,技术的进步也在不断推动物流的发展,而物流服务水平和人们要求的不断提高,又促使了电商物流技术的进一步发展。

第一节　电商物流技术的内涵

物流行业的发展需要物流技术的支撑,物流技术的创新和发展是推动物流业发展的重要动力。例如,高速公路、民航机场等现代交通基础设施建设和铁路提速工程的实施,以及相关现代技术装备的采用,极大地提高了物流能力和物流效率;托盘和集装箱等单元装载技术的发展和应用,有力地促进了装卸搬运作业的机械化、高效化及多式联运的发展;自动化立体仓库技术的发展和应用,有利于节约仓库资源,提高仓库利用效率;现代信息通信技术尤其是网络技术的发展,以及物流信息系统软件的开发应用,加快了物流行业向信息化和网络化阶段的演进。现代物流有别于传统物流的最显著特征之一,就是各种现代物流技术的采用,尤其是现代信息技术的广泛应用。

一、电商物流技术的概念及作用

(一)电商物流技术的概念

电子商务的飞速发展,一方面给物流技术增添了新的内容,如条形码、EDI、GIS、GPS 等;另一方面,它不仅给传统的以实物运作为主的物流技术提供了发展的机遇,而且也使传统的物流技术面临着挑战,传统的物流技术只有与现代电子商务技术紧密地结合,才能得到发展,才能发挥更大的作用,电商物流也才能得到有效的发展。电子商务的发展不仅给物流带来了新的发展机遇,而且也使现代物流具备了信息化、网络化、智能化、柔性化及虚拟化等一系列新特点。这些特点不仅要求物流向系统化、社会化和高效化的方向发展，而且也给支持这些发展的基础之一的物流技术带来了新的变革。

我们认为电商物流技术一般是指与电商物流要素活动有关的所有专业技术的总称，包括各种操作方法和管理技能等，如流通加工技术、物品包装技术、物品标识技术及物品实时跟踪技术等；物流技术还包括物流规划、物流评价、物流设计和物流策略等；当计算机网络技术的应用普及后，物流技术中又综合了许多现代技术，如条形码、EDI、GIS、GPS 等。

（二）电商物流技术的作用

电商物流技术存在于电商物流活动的各个方面和各个环节，电商物流技术是否先进、合理，直接影响着电商物流活动的运行效率，因而可以说，电商物流技术是保证电商物流活动顺利进行的一个基本条件。电商物流技术的作用主要表现在以下几个方面：提高电商物流效率；降低电商物流费用；提高电商物流的运作质量；提高客户的满意度等。

二、电商物流技术的特征

（一）电商物流技术的综合性

在电商物流技术活动中，当前所有的先进技术几乎都得到了广泛应用，从传统的机械技术到现代的计算机技术、微电子技术、信息技术、卫星通信技术等。

（二）电商物流技术的多学科性

在电商物流技术活动中，不但应用到自然学科的原理和技术，而且也应用到社会学科的理论和各种管理方法。

（三）电商物流技术的独特性

电商物流技术不仅汲取了其他学科的科学技术的成果，又根据物流理论和物流活动的实践形成了自己独特的技术与方法。

三、电商物流技术的分类

（一）按范围可划分为狭义概念与广义概念

狭义的电商物流技术主要是指电商物流活动过程中的有关物流技术，如货物实体在运动过程中的一些物流技术，以及有关物流信息活动的一些物流技术等。广义的电商物流技术不仅包括电商物流活动过程中的有关物流技术，而且也包括其构成之外的一些物流技术，以及物流技术的发展规律等，如物流规划技术、物流效率分析与评价技术等。

（二）按领域可划分为物流硬技术与物流软技术

物流硬技术包括：①基础设施，包括铁路、公路、航道、管道、航线等通道设施，以及仓库、场站、港口、机场、物流中心、物流园区等节点设施；②载运工具，包括汽车、火车、船舶、飞机、集装箱等；③机械设备，包括运输机械、装卸搬运机械、包装机械、仓储机械、流通加工机械、计量设备等；④信息设备，包括物流信息采集、传输、跟踪处理等设备；⑤材料，包括包装材料、集装材料、加固材料等。

物流软技术包括：①物流系统规划技术，包括物流设施布置规划技术、物流系统仿真技术、物流系统优化技术等；②现代物流管理技术，包括运输工具及装卸方法的合理选择与运用、物流预测技术、有效客户反应技术、库存管理与控制技术、供应链一体化管理技术、劳动管理技术、质量管理与控制技术等；③物流系统评价技术，包括物流成本计算与跟踪技术、物流运营指标分析评定技术、物流解决方案及物流系统评价技术等；④物流信息化技术，包括物流信息标识与识别技术、EDI、射频识别应用技术、GIS、GPS应用技术等。

（三）按作业内容可划分为实物作业和电子商务

实物作业的内容主要包括运输作业、配送作业、流通加工作业、装卸作业等，电子商务的内容主要包括订单管理、决策支持等。

四、电商物流技术评价标准

（一）先进性

其是指在采用电商物流技术时，应尽可能采用先进的电商物流技术。先进性不仅要从技术的功能性、稳定性和可靠性上进行评价，而且还要从技术是否具有拓展性，以及是否安全等方面进行评价。需要注意的是，不仅要重视和考虑电子商务技术与物流作业技术的先进性，而且也要考虑两者的配套和协调性，谨防两者脱节，影响电商物流效率的提高。

（二）有效性

其是指电商物流技术在物流活动中所具有的功能，即能够满足企业和顾客的需求、有效地完成物流作业任务和实现物流活动的功能。这是对电商物流技术的最基本要求，也是最重要的要求。只有物流技术有效才能保障其他物流与商务活动的有效性。

（三）经济性

其是指电商物流技术应用于企业，在其运作成本和费用方面所体现的特性。经济性包括两方面：一是电商物流技术本身使用的经济性；二是其能够给企业带来效益上的经济性。这两方面不可偏废。

（四）适用性

某是指电商物流技术的功能适应于对其的需要，并有利于发挥其作用。通常，企业在对物流技术的适用性评价上往往需要一定程度的超前，但要把握好超前的度必须对市场有准确的预测和了解，在此基础上才存在超前而不是浪费。也就是说，电商物流技术的适用性既是对现实需求的适用，也是对未来一定时期需求的适用。

第二节　电商物流技术的应用

一、EDI 技术

EDI 技术是电子商务的一种在公司之间传输订单、发票等作业文件的电子化手段，即是从商家到商家（B to B）的电子商务方式和技术。它通过计算机通信网络将贸易、运输、保险、银行和海关等行业信息，用一种国际公认的标准格式，实现各有关部门或企业与企业之间的数据交换与处理，并完成以贸易为中心的全部过程，它是 20 世纪 80 年代发展起来的一种新颖的电子化贸易工具，是计算机、通信和现代管理技术相结合的产物，目前正广泛用于现代物流中。

（一）EDI 的基本概念

1.EDI 的定义

国际标准化组织（ISO）对 EDI 的定义是，将贸易（商业）或行政事务处理，按照一个公认的标准，形成结构化的事务处理或信息数据格式，从计算机到计算机的电子传输方法。而国际电工委员会在 ISO/IEC14662 中将 EDI 定义为在两个或两个以上组织的信息系统之间，为实现业务目的而进行的预定义和结构化的数据自动交换。这也是我国国家标准有关 EDI 的标准定义。

由于使用 EDI 可减少甚至消除贸易过程中的纸面文件，因此，EDI 又被人们称为"无纸贸易"。

总之，EDI 是商业贸易伙伴之间，按照协议，对具有一定结构特征的标准经济信息，经过电子数据通信网，在商业贸易伙伴的计算机系统之间进行自动交换和处理的全过程。

2.EDI 的内涵

剖析以上定义，EDI 有以下几方面的含义：① EDI 是交易双方之间的商业文件（如订单、运单、发票、报关单等）的传递。②交易双方传递的文件遵循一定的标准（如国际标准），具有固定格式。符合约定标准的交易数据信息能被贸易伙伴的计算机系统发送、接受并识别和处理。③信息传递的路径是计算机到电子数据通信网络，再到对方的计算机，中间不需要人工干预。

3.EDI 的分类

根据 EDI 的作用及功能，可将 EDI 系统大致分为以下 4 类。

① 订货信息系统，又称贸易数据互换系统（trade data interchange，TDI），是最基本的 EDI 系统，它包括电子数据文件来传输订单、发货票和各类通知。

② 电子金融汇兑系统（electronic fund transfer，EFT）。该系统用于在银行和其他组织之间实行电子费用汇兑。EFT 已使用多年，但它仍在不断改进和完善中。最大的改进是同订货系统联系起来，形成一个自动化水平更高的系统。

③ 交互式应答系统（interactive query response，IQR）。该系统一般应用在旅行社或航空公司作为机票预定系统。在应用时，客户要询问到达某一目的地的航班，要求显示航班的时间、票价或其他信息，该系统则根据客户的要求确定所要航班并打印机票。

④ 带图形资料自动传输的 EDI。常见的是计算机辅助设计（computer aided design，CAD）图形的自动传输。例如，某设计公司完成一栋大楼的装饰设计图，将设计图传输给该楼的主人，一旦该设计图被认可，该系统将自动输出相应文档并发出购买相关建筑材料的报告。收到这些材料后，该系统自动开出收据。

（二）实现 EDI 的关键技术

EDI 有 3 个基本组成要素：通信网络、数据标准化及计算机硬件和专用软件。其中，通信环境是 EDI 的应用基础，标准化是 EDI 的本质特征，计算机应用系统是 EDI 的条件。这 3 方面相互衔接相互依存，构成了 EDI 的基础框架。相应的，实现 EDI 的关键技术有：通信技术、标准化技术和计算机数据处理技术。

1. 通信技术

数据通信网是实现 EDI 的技术基础。为了传递文件，必须有一个覆盖面广、高效安全的数据通信网作为其技术支撑环境。由于 EDI 传输的是具有标准格式的商业或行政有价文件，因此，除了要求通信网具有一般的数据传输和交换功能外，还必须具有格式校验、确认、跟踪、防篡改、防被窃、电子签名、文件归档等一系列安全保密功能，并且在用户间出现法律纠纷时，能够提供法律证据。

EDI 网络环境有多种。例如，分组交换网（PSDN）、数字数据网（DDN）、综合业务数据网（ISDN）、帧中继网 FRN、卫星数据网（VAST）、数字移动通信网及各种广域网（WAN）、局域网（LAN）和增值网（VAN）等。

不同的通信方式将直接影响 EDI 的应用效果。EDI 通信方式主要有以下几种：

① 点对点直接专用方式，即各用户的不同计算机应用系统之间通过通信网络直接进行电子报文的互相交换与传递。

② 基于增值网的间接方式。所谓增值网，就是在现在的通信网络上增加服务功能而实现的计算机网。EDI 用户的不同计算机应用系统连接到增值网上，利用网上的 E-mail、EDI 等功能实现电子数据交换。

③ 基于 Internet 的互联网 EDI 方式。它由对公众开放的 Internet 提供 EDI 服务。基于 Internet 互联网 EDI 方式以其覆盖范围广、实现成本低等优点越来越受到人们的重视。

选择 EDI 的通信方式在其应用中很重要。一般应考虑：数据安全性、服务范围、贸易伙伴数量、费用情况、应用和维护难易度、运行时所需专业水平、操作界面是否友好等。

2. 标准化技术

标准化是实现 EDI 的关键。EDI 是为了实现商业文件、单证的互通和自动处理，这不同于人机对话方式的交互式处理，而是计算机之间的自动应答和自动处理。因此，文件结构、格式、语法规则等方面的标准化是实现 EDI 的关键。EDI 标准的内容包括：

① EDI 通信标准。解决 EDI 通信网络应建立在何种通信网络协议之上，

以保证各类 EDI 用户系统的互联。目前国际上主要采用消息处理系统报文处理系统（MHS）（X.400）作为 EDI 通信协议。

②EDI 报文标准，又叫 EDI 语义语法标准或文电标准。其主要解决各种报文类型格式、数据编码、字符集和语法规则及报表生成应用程序设计语言不兼容等问题。其核心是定义标准报文的内容和格式。

③EDI 处理标准。用于定义 EDI 系统与 EDI 用户所属的数据库、管理系统之间的接口标准。

④各行业的数据交换标准。主要研究不同地域、不同行业的各种 EDI 报文标准。有关标准内容可参考《联合国贸易数据交换手册》。

3. 计算机数据处理技术

EDI 不是简单的通过计算机网络传输数据，它还要求对接收和发送的文件进行自动识别与处理，因此 EDI 用户必须具有完善的计算机处理系统。计算机数据处理是实现 EDI 的内部条件。

①EDI 子系统的组成。EDI 用户计算机系统可分为两大部分：一部分是与 EDI 密切相关的 EDI 子系统，包括报文处理、通信接口等功能；另一部分是企业内部的计算机信息处理系统（如凭证制作、财务系统）。

EDI 子系统主要有以下三部分：第一，应用系统接口软件。负责从 EDI 用户计算机应用系统（EDP）提取数据并转换为一种内部格式储存以供翻译系统使用，或反之。第二，翻译软件。负责完成 EDI 用户内部格式数据和 EDI 标准格式数据之间的双向转换，其转换依据是 EDI 标准。第三，通信、安全软件。负责 EDI 报文的发送和接收，为 EDI 报文的传输提供安全服务。

②EDI 的实现过程。当今通用的 EDI 通信网络，是建立在 MHS 数据通信平台上的信息系统，其通信机制是信箱间信息的存储和转发。具体实现方法是在数据通信网上加挂大容量信息处理计算机，在该计算机上建立信箱系统，通信双方需申请各自的信箱，其通信过程是把文件传到对方的信箱中。文件交换由计算机自动完成。

二、条形码技术

条形码技术是在计算机技术与信息技术基础上发展起来的一门集编码、印刷、识别、数据采集和处理于一身的新兴技术。条形码技术的核心内容是利用光电扫描设备读条形码符号，从而实现机器的自动识别，并快速准确地将信息录入计算机进行数据处理，以达到自动化管理的目的。由于条形码技术具有输入速度快、信息量大、准确率高、成本低、可靠性强等特点，因而其发展十分迅速，目前广泛应用于商业流通、邮电通信、物流仓储、交通运输和工业生产控制等诸多领域，尤其为物流供应链管理提供了强有力的技术支持。

（一）条形码基础知识

条形码是由一组按特定规则排列的条、空及其对应的字符、数字、字母组成的表示一定信息的符号。条形码中的条、空分别由深浅不同且满足一定光学对比度要求的两种颜色（通常为黑、白色）表示。条为深色，空为浅色。这些条和空可以有各种不同的组合方法，从而构成不同的图形符号，即各种符号体系，也称码制，以适用于不同的场合。

（1）条形码的结构

条形码通常是一组黑白相间的条纹。其中，黑色的条对光线的反射率较低，白色的空对光线的反射率较高。因条和空的宽度不同，光线扫描设备的扫描光线便产生不同的反射接收效果，从而转换成不同的电脉冲，进而形成可在计算机中处理的数字信息。由于光的运动速度极快，因此可以准确无误地对运动中的条形码予以识别。

（2）几种常用的码制

目前，国际广泛使用的条形码种类有 EAN 码（欧洲商品编码）、UPC 码（通用产品码）（商品条码，用于在世界范围内唯一标识一种商品。在超市中常见的就是 EAN 码和 UPC 码）、Code39 码（可表示数字和字母，主要用于工业、图书及票据的自动化管理）、ITF25 码（即交叉二五码，在物流管理中应用较多）、Codebar 码（库德巴条码，多用于医疗、图书领域）。上述条码均属于一维条码。二维条码也在迅速发展，并在许多领域得到了应用，如 Code49、Code16k、PDF417 等。

（3）条形码的识别装置

①手持式扫描器。能手持、移动使用的扫描器，常用于静态物品扫描。

②台式自动扫描器。常固定安装，使用时将有条码的物品在扫描器上移动以完成扫描工作。

③卡式阅读器。将有条码的卡式证件插入滑槽区，自动沿轨道做直线运动，并在卡片前进过程中，扫描光线将条形码信息读入。

④固定式光电及激光快速扫描器。一般安装在物品运动的通道边，对物品进行逐个扫描。

这些扫描设备与光电转换、信号放大及计算机系统一起形成一套完整的扫描阅读系统，从而完成条形码信息的采集及自动识别等过程。

（4）条形码的特点

在信息输入技术中，采用的自动识别技术种类很多。条码作为一种图形识别技术与其他识别技术相比有如下特点：

①简单、易于制作，可印刷，被称为可印刷的计算机语言。条形码标签易于制作，对印刷技术设备和材料无特殊要求。

②信息采集速度快。普通计算机的键盘录入速度是每分钟 200 字符，而利用条形码扫描录入信息的速度是键盘录入的 20 倍。

③采集信息量大。利用条形码扫描一次可以采集十几位字符的信息，而且可以通过选择不同码制的条形码增加字符密度，使录入的信息量成倍增加。

④可靠性高。键盘录入数据，误码率为 1/300，利用光学字符识别技术，误码率约为 1/10 000，而采用条形码扫描录入方式，误码率仅有 1/1 000 000，首读率可以达 98% 以上。

⑤设备结构简单、成本低。与其他自动化识别技术相比较，推广应用条形码技术，所需费用较低。

⑥灵活、实用。条形码符号作为一种识别手段可以单独使用，也可以和有关设备组成识别系统实现自动化识别，还可和其他控制设备联系起来实现整个系统的自动化管理。同时，在没有自动识别设备时，也可实现手工键盘输入。

⑦自由度大。识别装置与条形码标签相对位置和自由度要比光学字符识别技术（optical character recognition，OCR）大得多。条形码通常只在一维方向上表达信息，而同一条形码上所表示的信息完全相同并且连续，这样即使是标签有部分缺欠，仍可以从正常部分输入正确的信息。

（5）条形码在物流领域中作用

条形码在原材料采购、生产和货物的运输、配送、零售等供应链的诸多结点上都扮演着重要的角色，而且发挥着越来越重要的作用。

①物料管理。企业按照生产计划向产品物料供应商下达采购订单。对采购的物料按照行业及企业规则建立统一的物料编码，对需要进行标识的物料打印其条形码标识，这样有助于对物料的跟踪管理。

②生产线上产品跟踪管理。在生产任务单上粘贴条形码标签，在每一生产环节开始时，用生产线条形码终端扫描任务单上的条形码，获取生产工艺、所需的物料和零件信息，产品下线包装时，打印并粘贴产品的客户信息条形码，由此实现对各工序产品数据的采集和整个生产过程的监控跟踪，保证产品质量。

③产品入库管理。产品入库时，首先通过识读产品条形码标签，采集货

物单件信息，同时制作库存位条形码，记录产品的存放信息，如库区位、货架、货位等，以形成完整的库存信息，从而实现对库存单件产品的跟踪管理。

④产品出库管理。产品出库时，通过扫描产品上的条码，对出库货物进行信息确认，依据库存货物的库存时间进行有效的先进先出管理及批次管理，同时更改其库存状态。

⑤市场销售链管理。在市场销售链中应用条形码技术，目的是跟踪向批发商销售的产品品种或产品单件信息。通过在销售、配送过程中采集产品的单件条形码信息，记录产品的销售过程，有助于实现对销售商的分区、分级管理，保证市场健康有序地发展，促进产品的市场销售。

⑥产品售后跟踪服务管理。产品一经出库，即根据产品条形码建立产品销售档案，以记录产品信息、重要零部件信息、用户信息及产品售后维修信息。通过对以上信息的采集、反馈，准确了解、判断产品的使用情况，帮助企业制定出合理的服务战略，进一步提高产品质量及信誉度，增强企业产品的竞争力。

⑦货物配送管理。利用条形码技术，可高效、准确地完成商品的配送。配送前将配送商品资料和客户订单资料下载到移动条码终端中，送达配送客户后，调出客户相应的订单，再根据订单信息挑选货物并验证其条形码标签，确认送完一个客户的货物后，移动条形码终端会自动校验配送情况，并做出相应的提示。

⑧分货拣选管理。在配送和仓库出货时，采用分货、拣选方式，需要快速处理大量的货物，利用条形码技术便可自动进行分货拣选，从而提高工作效率。

（二）商品条形码

商品条形码广泛应用于零售业的现代化管理中。通常商品条形码标贴在单个商品包装上，通过光电扫描设备可实现商品的自动识别，自动寻址及自动结账，避免人工差错，提高工作效率，使零售业管理高度自动化和信息化。

对商品用一组阿拉伯数字标识，这组数字被称为商品代码。商品代码是代表商品的数字信息，而条形码是表示这一信息的符号。在商品条形码工作中，要制作什么商品条形码符号，首先必须给商品编一个数字代码。商品条形码的代码是按国际物品编码协会统一规定的规则编制的，主要有 EAN 码和 UPC 码两种。我国的通用商品条形码标准采用 EAN 结构。标准版商品条码的代码由 13 位阿拉伯数字组成，称为 EAN-13 码。其前三位数字叫前缀码，用于标识 EAN 成员的代码，由 EAN 统一管理和分配，不同的国家和地区有不同的前缀码，我国的前缀码目前为 690 ～ 695。需要说明的是，前缀码并不代表产品的原产地，只能说明分配和管理有关厂商识别代码的国家（或地区）编码组织。

（三）物流条形码

（1）物流条形码概念

物流条形码是供应链中用以标识物流领域中具体实物的一种特殊代码，它是由一组黑白相间的条、空组成的图形，利用识读设备可以实现自动识别、自动数据采集。商品在整个物流过程中都可以通过物流条形码来实现数据共享，使信息的传递更加方便、快捷、准确，从而提高整个物流系统的经济效益。

（2）物流条形码与商品条形码的区别

通用商品条形码已经普及，使商业管理实现了自动化，而物流条形码是应物流现代化的要求而产生的，如今刚刚起步，与通用商品条形码相比有许多不同之处。

①标志目标不同。通用商品条形码是最终消费单元的唯一标志，它常常是单个商品的条形码。消费单元是指通过零售渠道，直接销售给最终客户的商品包装单元。物流条形码则是货运单元的唯一标志。货运单元是由若干消费单元组成稳定的和标准的产品集合，是收发货、运输、装卸、仓储等项物流业务所必需的一种商品包装单元，一般是多个商品的集合，也可以是多种商品的集合。

②应用领域不同。通用商品条形码用于零售业现代化的管理，通用商品条形码印在单个商品上，可以实现商品的自动识别、自动寻址、自动结账；物流条形码则是用于物流现代化的管理，贯穿于整个物流过程中。商品从生产厂家生产出来，经包装、运输、仓储、分拣、配送等环节才能到达零售商店，物流条形码应用于这众多的环节中，从而实现对物品的跟踪和数据共享。

③采用的码制不同。通用商品条形码采用的是 EAN/UPC 码制，条形码的长度固定，信息容量少；物流条形码主要采用 UCC/EAN-128 码（UCC 是美国统一编码委员会的缩写），条形码的长度可变，信息容量多，且条形码精度要求低，易于制作，容易推广。

④标准维护不同。通用商品条形码已经实现了国际新标准，维护的要求比较低；物流条形码是可变性条形码，可根据具体需要增减信息。随着国际贸易的发展，物流条形码的内容要不断补充、丰富。

（3）物流条形码的码制

条形码的码制是指条形码符号的类型。现在正在使用的条形码码制有很多种，但是国际上公认的物流条形码只有 3 种，即 EAN-13 码、交叉二五码和 UCC/EAN-128 码。

①EAN-13 码。物流 EAN-13 码的结构与商品 EAN-13 码相同，也是一种定长、无含义、无自校验功能的条形码。

②交叉二五码。交叉二五码在仓储和物流管理中被广泛采用。

③UCC/EAN-128 码。我国制定的《贸易单元 128 条码》（GB/T 15429 - 1994）国家标准等效于 UCC/EAN-128 码。UCC/EAN-128 码是一种连续型、非定长、有含义的高密度代码。它能更多地标识贸易单元的信息，如产品批号、数量、规格、生产日期、交货地等，是物流条形码实施的关键，它使物流条形码成为贸易中的重要工具。

（4）物流条形码在物流过程中的应用

①货物的分拣运输。铁路运输、航空运输、邮政通信等许多行业都存在货物的分拣问题。大批量货物要在极短时间内准确无误地分装到指定车厢或航班上，解决这个问题的方法是：预先将物流条形码标贴在物品上，分拣点利用条形码扫描器采集信息，使物品自动分拣到不同的航班上，从而到达不同的目的地。

②货物的仓储保管。在仓储管理中，采用物流条形码可以通过应用标识符分辨不同的信息，再经过物流管理信息系统进行后台处理，有利于商品的采购、保管和销售，促进仓储的现代化。

③机场行李管理。在机场自动化系统中，每件行李都系有包含航班号和目的地等信息的条形码标签，当运输系统将行李从登记处运到分拣系统时，系统将行李自动分拣到目的航班的传送带上。

④货物扫描通道。货物扫描通道能全方位扫描包裹，高速采集包裹上的实际尺寸、重量等信息，无须人工干预，提高了效率。

⑤运动中称量。运动中称量无须中断运输作业，使运输效率大大提高。运动中称量系统可与其他自动化过程，如条形码扫描、标签打印及粘贴、包裹分拣、库存管理、发运等功能集成在一起，广泛用于制造业、食品加工业、包裹配送和零售配送业中。

（四）二维条形码

条形码给人们的工作和生活带来的很大变化是有目共睹的。然而，一维条形码只是一种商品的标识，它不含有对商品的任何描述，人们只有通过后台的数据库提取相应的信息才能明白这个标识的具体含义。在没有数据库或联网不方便的地方，这一商品标识就变得毫无意义。此外，一维条形码无法表示汉字和图像信息，在应用汉字和图像的场合，显得十分不便。即使我们建立了数据库来存储产品信息，而这些大量的信息需要一个很长的条形码标识。这对印刷和包装带来的困难就可想而知了。

因此，人们迫切希望不通过数据库中查找，而是直接从条形码中就能获得大量的产品信息。二维条形码正是为了解决一维条形码难以解决的问题而诞生的。

（1）什么是二维条码

二维条形码是用一种特定的几何图形按一定规律在平面（二维方向）上分布的黑白相间的图形记录数据符号信息。在代码编制上巧妙地利用构成计算机内部逻辑基础的"0""1"比特流的概念，使用若干个二进制相对应的几何形体来表示文字数值信息，通过图像输入设备或光电扫描设备自动识读以实现信息自动处理。它具有条形码技术的一些共性：每种码制有其特定的字符集；每个字符占有一定的宽度；具有一定的检验功能。现时还具有对同行的信息自动识别功能和处理图形旋转变化等特点。

（2）二维条形码分类

根据结构形状上的差异，二维条形码可分为堆叠式二维条形码和矩阵式二维条形码。

①堆叠式二维条形码。它由多行短截的一维条形码组成，其数据以成串的数据行表示。它在结构形态、校验原理等方面继承了一维条形码的特性。有代表性的堆叠式二维条形码有 Code 49、PDF 417、UPS Code SM 和 Code 16K 等。

②矩阵式二维条形码。在矩阵相应元素位置上用点表示二进制"1"，空表示二进制"0"，由点的排列组合确定代码表示的含义，即数据以二维空间的形态编码。它是建立在计算和图像处理技术、组合编码原理等基础上的一种新型图形符号自动识读处理码制。具有代表性的矩阵二维条形码有 Code One、Aztec、DadaMatrix.QR 码等。

（3）二维条形码的优点

①信息容量大。每平方英寸[①] 可容纳 250 ~ 1100 个字符。在国际标准的证卡有效面积上（相当于信用卡面积的 2/3，约为 76mm × 25mm），二维条形码可以容纳 1848 个字母字符或 2729 个数字字符，即约 500 个汉字的信息，比普通条形码信息容量高出几十倍。

②可靠性高。普通条形码的误码率约为 2/1000 000，而二维条形码的误

---

① 1 英寸 =2.54cm。

码率不超过 1/10 000 000，译码可靠性极高。

③纠错能力强。二维条形码能用先进的数学算法将数据从损坏的条形码符号中恢复。若二维条形码破损面积不超过 50%，则该条形码因污损等原因所丢失的信息也可照常被译出来。

④易于制作。利用现有的点阵、激光、喷墨、热敏打印，以及制卡机等打印技术即可在纸介质、塑料、玻璃、陶瓷之类介质表面上印出二维条形码。

⑤编码范围广。二维条形码可以将照片、指纹、掌纹、签字、声音、文字等可数字化的信息进行编码。

⑥保密性能好。二维条形码具有多重防伪特性，它可采用密码防伪、软件加密及利用所包含的信息如指纹、照片等进行防伪，因此，具有极强的保密防伪性能。

⑦形状可变。同样的信息量，二维条形码的形状可根据载体面积及美工设计等进行调整。

三、射频识别技术

射频识别是无线电频率识别的简称，是从 20 世纪 80 年代兴起并逐渐走向成熟的一项自动识别技术。随着超大规模集成电路技术的发展，射频识别系统的体积大大缩小，从而应用也越来越广泛

（一）射频识别技术概念

射频识别技术的基本原理是电磁理论，利用无线电波对记录媒体进行读写。射频识别系统的优点是不局限于视线，识别距离比光学系统远，射频识别卡可具有读写能力，可携带大量数据、难以仿造和有智能等。

射频识别系统的传送距离可达几十厘米至几米，且根据读写的方式，可以输入数千字节的信息，且保密性好。射频识别系统避免了条形码技术的一些局限性，可实现非接触目标、多目标和运动目标识别，为大量信息储存、改写和远距离识别奠定了基础，在物流、交通运输、安全认证、身份识别等行业显现出较好的前景。

（二）射频识别系统的组成

射频识别系统在具体的应用过程中，根据不同的应用目的和应用环境，系统的组成会有所不同。但该系统一般都由阅读器和标签两部分组成。

（1）阅读器

射频识别系统的阅读器有 3 个主要部分组成：收发模块、控制模块和天线。

①收发模块。用于发送和接收数据信号。

②控制模块。具有很强的数字信号处理能力，除完成控制标签工作外，还要实现相互认证、数据加密与解密、差错控制及与计算机通信等功能。

③天线。主要是感应线圈，用于建立电磁场。若标签内不含电池，则标签工作的能量由阅读器天线建立的电磁场提供。

（2）标签

射频识别系统的标签有4个主要部分组成：收发模块、控制模块、天线和存储器。收发模块、控制模块及天线的功能与阅读器收发模块、控制模块及天线的功能相似。而存储器则用来存放数据信息。按照不同的分类标准，标签有许多不同的分类。

①按获取电能的方式分，其可分为主动式标签与被动式标签。主动式标签内部自带电池进行供电，且电能充足，工作可靠性高，信号传送的距离远。其缺点是标签的使用寿命受到限制，且随标签内电池电力的消耗，数据传输的距离会来越小，影响正常的工作。

被动式标签内部不带电池，要靠外界提供能量才能正常工作。当被动式标签进入系统工作区域时，天线接收到特定的电磁波，线圈就会产生感应电流，再经过整流电路给标签供电。被动式标签具有永久的使用期，即支持长时间的数据传输和永久性的数据存储，常用在标签信息需要多次读出的地方。其缺点是数据传输的距离要比主动式标签小。因为被动式标签依靠外部的电磁感应而供电，所以它的电能不充足，数据传输的距离和信号的强度受到限制，需要敏感性较高的阅读器才能可靠识读。

②按标签内存储器类型分，其可分为只读标签与可读可写标签。只读标签内部只有只读存储器（read only memory，ROM）、随机存储器（random access memory，RAM）及缓冲存储器。ROM用于存储控制信息及标识信息。RAM用于存储标签反映和数据传输过程中临时产生的数据，而缓冲存储器则用于存储等待天线发送的信息。

可读可写标签内部的存储器除了ROM、RAM和缓冲存储器外，还有非活动可编程记忆存储器。这种存储器允许多次写入数据。常用的非活动可编程记忆存储器是EEPROM（可擦除可编程只读存储器）。

③按标签中存储器数据存储能力考核成绩的不同分，其可分为标识标签和便携式数据文件。标识标签只用于标识目的。其中，存储的只是标识号码，用于对特定的项目标识，如对人、物、地点进行标识。被标识项目的特定信息，只能在与系统相连的数据库中进行查找。

便携式数据文件就是标签中存储的数据非常大，足可以看成是一个数据文件。这种标签一般都是用户可编程的，标签中除存储标识码外，还存储有大量的被标识项目的信息。

（三）射频识别系统的工作原理

阅读器通过其天线在一个区域内发射能量形成电磁场，区域大小取决于发射功率、工作频率和天线尺寸。当储存信息编码的标签处于这些区域时，利用吸收到的电磁场能量供电，并根据阅读器发出的指令对存储器进行相应的实时读写操作，再通过收发模块将数据发送出去。阅读器接收到返回的数据后，解码并进行错误校验以决定数据的有效性，继而通过计算机网络将采集的数据进行数据转换、处理和传输。

（四）射频识别系统的种类

根据射频识别系统完成的功能不同，可以粗略地把射频系统分成4种类型。

① EAS 系统。电子商品防窃（盗）（electronic article surveillance，EAS）是一种设置在需要控制物品出入的门口的射频识别技术。这种技术的典型应用场合是商店、图书馆、数据中心等地方，当未被授权的人从这些地方非法取走物品时，EAS 系统会发出警告。

在应用 EAS 系统时，首先在商品上黏附 EAS 标签，当商品被正常购买或者合法移出时，在结算处通过一定的装置使 EAS 标签失活，商品就可以取走。商品经过装有 EAS 系统的门口时，EAS 装置能自动检测标签的活动性，发现活动性标签 EAS 系统会发出警告。应用 EAS 技术后，商品不用再锁在玻璃橱柜里，可以让顾客自由地观看、检查商品，这在自选日益流行的今天有着非常重要的现实意义。典型的 EAS 系统一般由 3 部分组成：①附着在商品上的电子标签，电子传感器；②电子标签激活装置；③监视器。在出口造成一定区域的监视空间。

EAS 系统的工作原理是：在监视区，发射器以一定的频率向接收器发射信号。发射器与接收器一般安装在出入口，形成一定的监视空间。当具有特殊特征的标签进入该区域时，会对发射器发出的信号产生干扰，这种干扰信号也会被接收器接收，再经过微处理器的分析判断，就会控制警报器的鸣响。

② 便携式数据采集系统。便携式数据采集系统是使用带有射频识别阅读器的手持式数据采集器采集射频识别标签上的数据。这种系统具有比较大的灵活性，适用于不宜安装固定式射频识别系统的应用环境。

③ 物流控制系统。在物流控制系统中，射频识别阅读器分散布置在给定的区域，并且阅读器直接与数据管理信息系统相连，标签是移动的，一般安

装在移动的物品或人身上。当物体、人流经阅读器时，阅读器会自动扫描标签上的信息并把数据信息输入数据管理系统存储、分析、处理，达到控制物流的目的。

④定位系统。定位系统用于自动化加工系统中的定位以及对车辆、轮船等进行运行定位支持。例如，在一些高速公路的收费站口，使用射频识别技术可以不停车收费。

四、GIS

GIS 是以地理空间数据为基础，采用地理模型分析方法适时提供多种空间、动态的地理信息，为地理研究和决策服务的计算机技术系统。它是人类在生产实践活动中，为描述和处理相关地理信息而逐步产生的软件系统。

（一）GIS 概念

GIS 中地理信息是指表明地理环境要素的数量、质量、性质、分布特征、联系和规律等数字、文字、图像、图形等信息的总称。GIS 具有以下 3 方面的特征：①具有采集、管理、分析和输出多种地理空间信息的能力；②以地理研究和地理决策为目的，以地理模型方法为手段，具有区域空间分析、多要素综合分析的动态预测能力；③由计算机系统支持进行空间地理数据管理，并由计算机程序模拟常规的或专门的地理分析方法，作用于空间数据，产生有用信息。

GIS 作为支持空间定位信息数字化获取、管理和应用的技术系统，随着计算机技术、空间技术和现代信息基础设施的飞速发展，在全国经济信息化进程中的重要性与日俱增。特别是当今"数字地球"概念的提出，使得人们对 GIS 的重要性有了更深的了解。

（二）GIS 的组成

GIS 由 5 个主要部分组成，计算机硬件设备、计算机软件系统、地理空间数据、系统的组织管理人员及规范。

①计算机硬件设备。计算机硬件设备为 GIS 提供运行环境，用于存储、处理、输入输出数字地图及数据。

②计算机软件系统。计算机软件系统负责执行 GIS 的各项操作与分析功能。根据 GIS 的功能可将 GIS 划分为以下几部分：信息数据输入和处理软件；数据库管理系统（DBMS）；空间查询、分析与视觉化工具；数据输出软件。

③ 地理空间数据。地理空间数据是 GIS 中最重要的部件，它反映了 GIS 的管理内容，是 GIS 的操作对象和原料。GIS 主要有两类数据：一类是图形数据（空间数据），以空间三维坐标（x，y，z）或地理坐标（经纬度和海拔）来表示；另一类是属性数据（非空间数据），是空间实体的描述数据，如名称、面积、位置等。

④ 系统的组织管理人员。系统的组织管理人员包括系统的建设管理人员和用户，是 GIS 设计、建库、管理、运行、分析决策处理问题的专门人员。它是 GIS 中最重要的部分。

⑤ 规范。规范是 GIS 的标准，成功的 GIS 具有良好的设计计划和本身的事务规律。规范对一个企业来说是具体的独特的操作实践。

（三）GIS 的功能

① 数据输入功能。在地理数据用于 GIS 之前，相关数据必须转换成适当的数字格式。从图纸数据转换成计算机文件过程叫作数字化。目前，许多地理数据已经是 GIS 兼容的数据格式，这些数据可直接从地理数据提供商那里获得并直接装入 GIS 中，不需用户来数字化。

② 数据处理功能。数据处理功能将数据转换或处理成某种形式以适应 GIS 的要求。这种处理可以是为了显示的目的而做的临时变换，也可以是为了分析所做的永久变换。例如，坐标变换、投影变换、空间数据压缩、空间数据内插及类型的转换等。

③ 数据管理功能。数据管理主要是用来构造和组织地理元素的位置、连接关系及属性数据，以便计算机能处理并构建数据库管理系统。内容有数据格式的选择和转换、数据的连接、查询、提取等。常用数据库管理有两种，一种是空间数据库管理，另一种是地图图库管理。

④ 空间查询与空间分析功能。空间查询和空间分析是从 GIS 目标间的空间关系获取派生信息和新的知识，用以回答有关空间关系的查询和应用分析。空间查询可实现属性查询、图形查询及图形与属性间的交叉查询等。空间分析是根据确定的应用分析模型，通过对空间图形数据的拓扑运算及空间、非空间属性数据的联合运算等各种操作运算来分析一定区域的各种现象，以获得新知识或某一特定问题的解决方案。应用分析模型是在对具体对象与过程进行大量专业研究的基础上总结出来的客观规律的抽象，再归结为一系列典型的运算，以完成某一专业空间分析任务。

⑤ 可视化功能。对于多种类形的地理操作，最终结果能以地图或图形来显示。

（四）GIS 在物流领域中的应用

GIS 应用于物流分析，主要是指用 GIS 强大的地理数据功能来完善物流分析技术。完整的 GIS 物流分析软件集成了车辆路线模型、网络物流模型、分配集合模型和设施定位模型等。

① 车辆路线模型。车辆路线模型用于解决在一个起始点、多个终点的商品运输中，如何降低物流作业费用，并保证服务质量的问题，其包括决定使用多少辆车，每辆车的行驶路线等。

② 网络物流模型。网络物流模型用于解决寻求最有效的分配商品路径问题，也就是物流网点的布局问题。如果将商品从 N 个仓库运往 M 个商店，每个商店都有固定的需求量，因此，需要确定由哪个仓库提货送给哪个商店的运输代价为最小。

③ 分配集合模型。分配集合模型可以根据各个要素的相似点把同一层上的所有或部分要素分为几个组，用以解决确定服务范围和销售市场范围等问题。例如，某一公司要设立多个分销点，就要求这些分销点能覆盖某一地区，而且每个分销点的顾客数应大致相等。

④ 设施定位模型。设施定位模型用于确定一个或多个设施的位置。在物流系统中，仓库和运输线共同组成了物流网络，仓库处于网络的节点上，节点决定着线路，如何根据供求的实际需要，并考虑经济效益等原则，在某一区域内设立一定的数量的仓库，还应确定仓库的位置及规模，以及仓库与仓库之间的物流关系等。

五、GPS

GPS 是美国国防部发射的 24 颗卫星组成的全球定位、导航及授时系统。这 24 颗卫星分布在高度为 2 万 km 的 6 个轨道上，并绕地球飞行。每条轨道上有 4 颗卫星，在地球上任何一点，任何时候都可以同时接收到来自 4 颗卫星的信号。也就是说，GPS 的卫星所发射的空间轨道信息覆盖着整个地球表面。

GPS 的工作原理是基于卫星的距离修正。用户通过测量到太空各卫星的距离来计算他们的当前位置，卫星的位置相当于精确的已知参考点。每颗 GPS 卫星时刻发布其位置和时间数据信号，用户接收机可以测量每颗卫星信号到接收机的时间延迟，根据信号传输的速度就可以计算出接收机到不同卫星的距离。同时收集到至少 4 颗卫星的数据时就可以解算出相应三维坐标、速度和时间。

（一）GPS 的组成

GPS 包括三大部分，空间卫星系统、地面监控系统和用户接收系统。

（1）空间卫星系统

空间卫星系统由均匀分布在 6 个轨道平面上的 24 颗高轨道工作卫星构成，各轨道平面相对于赤道平面的倾角为 55°，轨道平面间距为 60°。在每一轨道平面内，各卫星间的间隔为 90°，任一轨道平面上的卫星比西边相邻轨道平面上的相应卫星超前 30°。事实上，空间卫星系统的卫星数量要超过 24 颗，从而便于及时更换老化或损坏的卫星，保障系统正常工作。该卫星系统能够保证在地球的任一地点向用户提供 4 颗以上卫星。

空间系统的每颗卫星每 12h（恒星时）沿近圆形轨道绕地球一周，由星载高精度原子钟（基频 $F=10.23MHz$）控制无线电发射机在"低噪声窗口"（无线电窗口中，2～8 区间的频区天线噪声最低的一段是空间遥测及射电干涉测量优先选用频段）附近发射 L1、L2 两种载波，向全球的用户接收系统连续地播发 GPS 导航信号。GPS 工作卫星组网保障全球任一时刻、任一地点都可对 4 颗以上的卫星进行观测（最多可达 11 颗），实现连续、实时导航和定位。

GPS 向广大用户发送的导航电文是一种不归零的二进制数据码 $D(t)$，码率为 fd=50Hz。为了节省卫星的电能、增强 GPS 信号的抗干扰性、保密性，实现遥远的卫星通信，GPS 卫星采用伪噪声码对 D 码做二级调制，即先将 D 码调制成伪噪声码（P 码和 C/A 码），再将上述两噪声码调制在 L1、L2 两载波上，形成向用户发射的 GPS 信号。因此，GPS 信号包括两种载波（L1、L2）和两种伪噪声码（P 码、C/A 码）。这 4 种 GPS 信号的频率皆源于 10.23MHz（星载原子钟的基频）的基准频率。基准频率与各信号频率之间存在一定的比例。其中，P 码为精确码，美国为了自身的利益，只供美国军方、政府机关及得到美国政府批准的民用用户使用；C/A 码为粗码，其定位和时间精度均低于 P 码，目前，全世界的民用用户均可不受限制地免费使用。

（2）地面监控系统

地面监控系统由均匀分布在美国本土和三大洋的美军基地上的 5 个监测站、1 个主控站和 3 个注入站构成。该系统的功能是：对空间卫星系统进行监测、控制，并向每颗卫星注入更新的导航电文。具体内容如下。

①监测站。用 GPS 接收系统测量每颗卫星的伪距和距离差，采集气象数据，并将观测数据传送给主控点。5 个监测站均为无人值守的数据采集中心。

②主控站。主控站接收各监测站的 GPS 卫星观测数据、卫星工作状态数据、各监测站和注入站自身的工作状态数据。根据上述各类数据，完成以下

几项工作：及时编辑计算每颗卫星的导航电文并传送给注入站；控制和协调监测站间、注入站间的工作，检验注入卫星的导航电文是否正确及卫星是否将导航电文发给了 GPS 用户系统；诊断卫星工作状态，改变偏离轨道的卫星位置及姿态，调整备用卫星取代失效卫星。

③注入站。接受主控站送达的各卫星导航电文并将之注入飞越其上空的每颗卫星。

（3）用户接收系统。

用户接收系统主要由以无线电传感和计算机技术支撑的 GPS 卫星接收机和 GPS 数据处理软件构成。

① GPS 卫星接收机。GPS 卫星接收机的基本结构由天线单元和接收单元两部分组成。天线单元的主要作用是，当 GPS 卫星从地平线上升起时，能捕获、跟踪卫星，接收放大 GPS 信号。接收单元的主要作用是，记录 GPS 信号并对信号进行解调和滤波处理，还原出 GPS 卫星发送的导航电文，求解信号在站星间的传播时间和载波相位差，实时地获得导航定位数据或采用测后处理的方式，获得定位、测速、定时等数据。

微处理器是 GPS 接收机的核心，承担整个系统的管理、控制和实时数据处理。视屏监控器是接收机与操作者进行人机交流的部件。目前，国际上已推出几十种测量用 GPS 接收机，各厂商的产品朝着实用、轻便、易于操作、美观价廉的方向发展。

② GPS 数据处理软件。GPS 数据处理软件是 GPS 用户系统的重要组成部分，其主要功能是对 GPS 接收机获取的卫星测量记录数据进行"粗加工""预处理"，并对处理结果进行平差计算、坐标转换及分析综合处理，解得监测站的三维坐标、测体的坐标、运动速度、方向及精确时刻。

GPS 中的定位技术是正在发展中的高新技术，数据处理技术也处在不断更新之中，各系列 GPS 接收机制造厂家研制的处理软件也各具特色。

（二）GPS 定位的基本方法

GPS 定位采用空间被动式测量原理，即在监测站上安置 GPS 用户接收系统，以各种可能的方式接收 GPS 卫星系统发送的各类信号，由计算机求解站星关系和监测站的三维坐标。

根据 GPS 信号测量方法的不同，GPS 定位的基本方法有伪距测量、载波相位测量、多普勒测量、卫星射电干涉测量等。

为了精密定位，一台 GPS 接收机往往不是单纯采用一种测量方式，而是以某种方式为主，并辅以其他方法。

目前，GPS 已广泛应用于军事和民用等众多领域中。GPS 技术按待定点的状态分为静态定位和动态定位两大类。静态定位是指待定点的位置在观测过程中是固定不变的，如 GPS 在大地测量中的应用。动态定位是指待定点在运动载体上，在观测过程中是变化的，如 GPS 在船舶导航中的应用。静态定位的相对精度一般在几毫米至几厘米范围内，动态定位的相对精度一般在几厘米到几米范围内。对 GPS 信号的处理从时间上划分为实时处理及后处理。实时处理就是一边接收卫星信号一边进行计算，从而获得目前目标所处的位置、速度及时间等信息；后处理是指把卫星信号记录在一定的介质上，回到室内统一进行数据处理。一般来说，静态定位用户多采用后处理，动态定位用户多采用实时处理或后处理。

（三）GPS 的应用

（1）GPS 卫星定位车辆监控管理系统

该系统是将 GPS 技术、GIS 和现代通信技术综合在一起的高科技系统。其主要功能是将任何装有 GPS 接收机的移动目标的动态位置（经度、纬度、高度）、时间、状态等信息，实时地通过无线通信网传至监控中心，而后在具有强大地理信息处理、查询功能的电子地图上进行移动目标运动轨迹的显示，并能对目标的准确运行速度、运动方向、车辆状态等用户感兴趣的参数进行监控和查询，以确保车辆的安全，方便调度管理，提高运营效率。这种系统特别适合公安、公交、保安、部队、机场等单位对所属车辆的监控和调度管理，也可应用于对船舶、火车等的监控。

（2）GPS 卫星定位智能车辆导航仪

该装置是安装在车辆上的一种导航设备。它以电子地图为监控平台，通过 GPS 接收机实时获得车辆的位置信息，并在电子地图上显示出车辆的运动轨迹。当接近路口、立交桥、隧道等特殊路段时可进行语音提示。作为辅助导航仪，可按照规定的行进路线使司机无论是在熟悉或不熟悉的地域都可以迅速到达目的地。

（3）GPS 货物运输跟踪管理系统

货物运输跟踪是指物流运输单位利用现代信息技术及时获取有关货物运输状态的信息，从而提高物流运输服务质量的方法。其工作流程是，货物装车后，通过 GPS 接收机获取自身所处的地理位置，经移动通信系统（GSM）传输到 GSM 公用数字移动通信网，再传送到运输公司的监控中心，位置信息与 GIS 系统的电子地图相匹配后，即在电子地图上精确显示出货车的位置、状态、行驶速度等信息，监控中心由此实施对远程货车的跟踪、调配和高度管理。

GPS 用于物流运输跟踪，同时与基于互联网的信息交换中心信息系统无缝结合，可进一步实现信息共享，使车辆使用方、运输公司、接货方等各方对物流中的车货位置及运行情况都能了如指掌，从而获得最佳物流流程方案，各方均取得最大的经济效益。

GPS 货物运输跟踪管理系统可实现以下功能：

①车辆跟踪。利用 GPS 和电子地图可以实时显示出车辆的实际位置，实现多车辆同时跟踪。通过车辆跟踪，使物流运输三方都可对货运车辆进行全程控制，实时掌握运输过程中的车货位置、货物状态、行车轨迹等相关信息，提前完成相应工作安排。

②规划行车路线。货物装车起运后，由司机确定起点和终点，GPS 自动规划出最佳行车路线，包括最快路线、最简单路线等，使货车快捷、准确地驶向目的地，同时最大限度地降低货物运输费，大大提高物流运输配送效率。

③信息查询。货物运输过程中，司机可在电子地图上实时查询道路的准确位置、路面状况、沿途设施（如加油站、商店、旅馆）等信息。同时，物流运输各方也能通过互联网技术，了解货物在运输过程中的具体细节，从而增强物流企业和货主之间的相互信任，提高物流企业的服务水平。

④话务指挥。运输公司监控中心可随时与被跟踪目标通话，提供帮助。例如，天气预报，提醒司机注意安全驾驶等。

⑤紧急援助。通过 GPS 定位和监控管理系统可以对遇有险情或发生意外事故的车辆进行紧急援助。监控中心的电子地图可显示求助信息和报警目标，从而快速规划出最优援助方案。由此保证行车安全，提高物流中心或企业的服务质量。

六、呼叫中心

呼叫中心是一些企业为用户提供及时的咨询和技术支持服务而设计的客户服务系统。

（一）第一代呼叫中心

早在 20 世纪 80 年代，欧美等地区的电信企业、航空公司、商业银行等为了密切与用户的联系，应用计算机的支持，利用电话作为与用户交互联系的媒体，设立了呼叫中心，也可叫作客户服务中心。呼叫中心用电话自动查询方式代替了传统的柜台业务。呼叫中心能每天 24h 不间断地随时提供服务并有比柜台服务更友好的服务界面，用户不必跑到营业处，只要通过电话就能迅速获得信息，从而使解决问题更方便、快捷，进而提高用户对企业服务的满意度。这样的呼叫中心可称为第一代呼叫中心。

现在，呼叫中心已经成为现代企业得以生存的关键因素，如果没有呼叫中心，任何商业服务机构不可能有竞争力。各种大小公司开始意识到投资高级的呼叫中心可能是他们唯一可在竞争中取胜的利器。一个设计好的呼叫中心，使企业能够增进同用户的联系，为用户提供及时的技术支持服务，进而提高自己的竞争力，拓宽销售机会，提高公司职员的生产力。

（二）第二代呼叫中心

早期的呼叫中心，主要起咨询服务作用。开始是把一些用户的呼叫转接到应答台或专家台。随着要转接的呼叫和应答的增多，交互式的语音应答（IVR）系统开始建立，这种系统能把大部分常见问题的应答由机器（自动话务员）应答和处理，这种呼叫中心由机器应答代替人工应答，可称为第二代呼叫中心。

（三）第三代呼叫中心

随着计算机技术应用于通信领域，呼叫中心也应用了计算机电话集成（CTI）技术使呼叫中心的服务功能大大加强。CTI 技术是以电话语音为媒介，用户可以通过电话机上的按键来操作呼叫中心计算机。接入呼叫中心的方式可以是用户电话拨号接入、传真接入、计算机及调制解调器（modem）拨号连接及因特网（IP 地址）访问等。用户接入后，就能收到呼叫中心任务提示音，按照呼叫中心的语音提示，就能接入数据库，从而获得所需的信息服务，并做存储、转发、查询、交换等处理。还可以通过呼叫中心完成交易。这种呼叫中心，可称为第三代呼叫中心。

（四）第四代呼叫中心

每一种新的呼叫中心应用都对企业现有的通信网络基础结构提出了新的要求，从单一的电话网到传真网，如果能够正确地处理好这些新应用和网络基础结构的关系，那么企业就可以充分用好这些新技术。因此，新的呼叫中心采用的关键技术将是网络集成技术。呼叫中心的网络集成就是一个普通网络基础结构上集成数据、语音和图像通信。通过利用集成的语音、图像和数据信息能以各种规定的方式进行传送。这些方法鼓励客户通过自我服务获得所需的信息。随着企业和客户普遍使用 Internet 进行通信联系，企业必须通过 IP 网络集成技术把自己的 Web 网站上的售前售后服务支持也纳入原有的呼叫中心，并在此基础上建立多媒体的呼叫中心。这种网络集成将是非常典型的企业级 IP 统一网络，相应的呼叫中心可以看成是第四代呼叫中心，它包括

Web 呼叫中心和多媒体呼叫中心。

Web 呼叫中心是利用 Web 网站为客户提供及时的咨询和技术支持服务的客户服务系统。目前许多企业已经不仅在 Web 上单纯地发布信息和展示自己的商品，它们现在提供以交易为基础的服务，而且经常要求客户自己进行自助式的交易过程设置，企业则通过 Web 网站上的呼叫中心对客户的行动进行指导。从 Web 到呼叫中心的完全集成，使操作者确切知道一个客户在 Web 站点的什么地方，并提供特定上下文支持甚至联机 Web 呼叫。很显然，集成互联网访问呼叫中心将为商业提供一级新的客户服务能力，以及更大的操作有效性，而且节省花费。

多媒体呼叫中心是利用多种媒体为客户提供及时的咨询和技术支持的客户服务系统。许多多媒体呼叫中心集中管理所有通信媒体，允许代理同时处理，把语音呼叫、Web 查询、E-mail 和传真分为优先级。这种系统允许呼叫中心为用户提供改进的通信，并为各种媒体管理队列流和服务等级，网络许多数据通信媒体和大型呼叫中心已经在进行一些多媒体信息服务，一旦一个企业已经在网络上建立起来，它最终将要具有为每一个呼叫中心代理提供处理电话呼叫、E-mail 应答或基于 Web 对客户请求应答的能力。

建立这样的呼叫中心，对小企业来说，无论从技术方面还是设备方面，都是有很大困难的。但是，对于互联网服务提供商（internet service provider，ISP）来说却是非常方便和廉价的，因此，ISP 利用自己的网络资源和技术优势为其他企业提供服务。

第三节　电商物流自动化技术的应用

一、自动化仓库

（一）自动化仓库的概念与发展

自动化仓库系统（automated storageand retrieval system，AS/RS）是目前国际仓储发展的一个重要趋势，是不必通过人工处理就能自动存储和取出物料的系统。

随着经济的恢复和科学技术的不断发展，原材料配套件、制成品等数量不断增加，对物料搬运和存储提出了越来越高的要求，促使仓库机能也在不断发展和完善，仓库在各个领域中的作用也越来越重要，仓库管理及机械化和自动化的重要意义也引起人们的高度重视。传统仓库日益不能适应生产和流通的要求，土地缺少，地价上涨，促使仓储作业向空间发展，由简易仓库向高架仓库发展。

立体仓库一般采用高层货架存储货物，用起重、装卸、运输机械设备进行货物出库和入库作业。立体仓库的特点是通过高层货架存取货物，更多地利用空间而非地面。目前，这类仓库的最大高度有 40 多米，最大库存量可为数万甚至十多万个货物单元，可以做到无人操纵按计划入库和出库的全自动化控制，并且对仓库的管理可以实现计算机网络管理。

立体仓库的货架一般用钢材或钢筋混凝土制作。常用的仓储机械设备有各种堆垛起重机、高架叉车、辊子或链式输送机、巷道转移台车、升降机、自动导向车等。高层货架根据需要和库房条件进行安装，不需要的可拆掉；也有的直接用作仓库建筑物的承重结构。另外，选择和安装货架要考虑地基的承载能力。

自动化立体仓库的主要功能是货物的存储和保管功能、供需平衡与调节功能、货运能力协调功能。自动化立体仓库的优点表现在：在保证仓储能力的情况下，更多地节约占地面积；自动化管理作业程度高，保证了运营的高效率；管理水平提高。

二、物流自动化设备

（一）输送设备

自动输送机是一种主要的输送设备，是输送多品种、短存储及分拣的一种设备，可输送各种板材、袋装件、箱装件、部件总成和各集装单元货物。按输送货物的类型分，自动输送设备可以分为单元物品输送设备和散碎物料输送设备两类。

（二）搬运设备

搬运设备有叉车、托盘搬运车、自动导引小车（AGV）与集装箱跨运车。

（三）自动起重设备

自动起重设备有巷道式堆垛起重机、桥式堆垛起重机、高架叉车与拣选式电动堆垛机。

（四）分拣设备

分拣设备有横向推出式、升降推出式、倾斜式与悬吊式。

（五）集装箱与托盘

在物流自动作业中，经常采用集装单元化作业。以集装单元化作业方式，从供给者到需要者组织物资的装卸、搬运、存储、运输等一系列物流活动。我们把一个标准的货物或容器称作单元负载，货物的载体可以是托盘、托板、滑板、集装箱、专用堆放架、硬纸板箱等。

三、物联网

（一）物联网的概念

物联网是指通过各种感知设备和互联网，连接物体与物体的，全自动、智能化采集、传输与处理信息的，可实现随时随地科学管理的一种网络。"网络化""物联化""互联化""自动化""感知化""智能化"是物联网的基本特征。

物联网作为新生事物，人们对其内涵和外延的理解也有很大区别，给其概念、特征所做出的归纳和总结也有很大的差别。例如，国际电信联盟（ITU）以为，信息与通信技术的目标已经从任何时间、任何地点连接任何人，发展到连接任何物品的阶段，而万物的连接就形成了物联网，它是对物体具有全面感知能力，对信息具有可靠传送和智能处理能力的连接物体与物体的信息网络。全面感知、可靠传送、智能处理是物联网的特征。

（二）物联网的分类

物联网的架构分为 4 个层次，即感知层、传输层、数据层和应用层。结合物联网的定义和物联网架构的 4 个层次，可以将物联网产业的统计分为两种——物联网制造业和物联网服务业。

物联网制造业主要对应感知层所需要的感应设备等的制造，以及物联网专用设备、仪器仪表的修理活动。当然，传输层和数据层中需要的高性能计算机、服务器、通信终端，如 GPS 终端和智能终端等设备的制造也是必不可少的。而物联网服务业涉及传输层、数据层和应用层：①传输层主要是指物联信息的传输环节，需要借助各种网络，包括互联网、2G/3G 网络、无线保真技术（通常也叫作 Wi-Fi 网络）、其他专有网络等形式传输信息，这些都属于网络通信服务业。②数据层是指对通过网络传输得到的海量数据资源进行处理的过程，因此需要云计算平台、数据挖掘、专门的计算机软件等，由此产生云计算服务业、软件开发与集成服务业、数据处理和存储服务，以及物联网设备、软件的批发零售业，设备租赁业。除此之外，还需要维护与修理物联网计算机软硬件、通信终端等设备的服务业。③应用层是指物联网技术在各个领域的应用和开发，主要包括物联网行业应用解决方案服务活动，如提供智能医疗、智能电网、智能家居、智能交通、智能物流、精细农业等行业应用的解决方案与咨询服务；物联网基础应用研究服务活动和推广该技术、提供科技中介等服务活动。

（三）物联网的关键技术

国际电信联盟报告提出物联网主要有4个关键性的应用技术：标签事物的射频识别技术、感知事物的传感器网络技术、思考事物的智能技术、微缩事物的纳米技术。

1. 射频识别技术

射频识别技术是一种非接触式自动识别技术。它利用无线射频识别技术识别目标对象并获取相关对象的信息。射频识别技术可识别高速运动物体并可同时识别多个标签，操作快捷方便。射频识别技术与互联网、通信等技术相结合，可实现全球范围内物品跟踪与信息共享。射频识别从硬件上说应该包含两个部分：电子标签和识别器。射频识别技术的技术难点在于：①射频识别反碰撞防冲突问题；②射频识别天线研究；③工作频率的选择；④安全与隐私问题。

2. 传感器网络技术

传感器是物体感知物质世界的"感觉器官"，可以从声、光、电、热、力、位移、湿度等信号来感知，为物联网的工作采集、分析、反馈最原始的信息。

传感器网络节点的基本组成包括如下几个基本单元：传感单元（由传感器和模数转换功能模块组成）、处理单元［包括中央处理器（CPU）、存储器、嵌入式操作系统等］、通信单元（由无线通信模块组成）及电源。此外，可以选择的其他功能单元包括：定位系统、移动系统及电源自供电系统等。在传感器网络中，其节点可以通过飞机布撒或者人工放置的方法散布在所感知对象的附近。传感器网络节点通过"多跳"网络把数据发送给接收发送器（Sink）。接收发送器也可以用同样的方式将信息发送给各节点，接收发送器直接与Internet或通信卫星相连，通过Internet或通信卫星实现任务管理节点与传感器之间的通信。在出现节点损坏失效等问题时，系统能够自动调整，从而确保整个系统的通信正常。

传感器网络综合了传感器技术、嵌入式技术、网络无线通信技术、分布式系统技术等。其先通过传感器采集所需信息，同时通过嵌入式系统进行实时计算，再通过现代网络及无线通信技术传输所得到的原始信息，最后传入上层服务器进行分布式处理。因此传感器网络的发展必须得到传感器技术、嵌入式技术及网络无线通信技术的支撑。随着纳米技术和微电子技术的发展，嵌入式芯片已得到了飞速的发展，更多功耗低、实时性强、计算能力强的嵌入式芯片得到了普及：3G/4G，Zig Bee，Wi-Fi 等网络无线通信技术的发展及以 IPv6 为核心的下一代互联网的发展使得更多的物体能更方便、有效地接入至物联网中。

传感器网络的技术难题首先是对传感器网络自身的检测与控制，即要对传感器网络的运行状态及信号传输通畅性进行监测，研究开发硬件节点和设备的诊断技术，实现对网络的控制。其次是传感器网络的安全问题，传感器网络除了具有一般无线网络所面临的信息泄露、信息篡改、重放攻击、拒绝服务等多种威胁外，还面临传感器网络节点容易被攻击者物理操纵，并获取存储在传感器网络节点中的所有信息，从而控制部分网络的威胁。

3. 智能技术

物联网所需的智能技术是海量信息的智能分析与控制，海量信息的智能分析与控制是指依托先进的软件工程技术，对物联网的各种信息进行海量存储与快速处理，并将处理结果实时反馈给物联网的各种控制部件。智能技术是为了有效达到某种预期的目的，利用知识分析后所采用的各种方法。通过在物体中植入智能系统，可以使物体具备一定的智能性，从而能够主动或被动的实现与客户的沟通。

智能技术主要包括人工智能理论、人机交互技术、智能分析与控制系统等。通过一系列的智能分析与控制使物联网赋予物体"智能"以实现人与物交互、对话，甚至物与物交互、对话，从而完成各种功能。

4. 纳米技术

纳米技术，是研究结构尺寸为 0.1 ~ 100mm 材料的性质和应用，纳米技术的发展使物联网中体积越来越小的物体能连入物联网中进行交互和连接。同时纳米技术也促使传感器与嵌入式芯片所需的电子元器件越来越小，从而使整个系统更小、更快，功耗更少，反应速度更快。

（四）物联网在电商物流中的应用

物联网的实现，在电子商务上有着多方面的应用，特别是在电商物流方面具十分重要的推动作用

1. 实现智能仓储

在电商物流发展中，仓储是其非常重要的一个方面。应用物联网技术，可以实现智能仓储。现代仓储系统内部不仅物品复杂、形态和性能各异，而且作业流程复杂：既有存储，又有移动；既有分拣，也有组合。在智能仓储中，可以利用物联网实现对仓储货物的感知、定位、识别、计量、分拣、监控等，这样可以提升拣选效率和速度。随着物联网技术的发展，射频识别技术在仓储应用也获得了快速发展。

2. 实现智能配送

在网络营销过程中，客户投诉主要集中在物流配送服务的质量上，如送错目的地，网络上查询不到物流状态，送货不及时等。物联网通过对包裹贴上电子标签，并在包裹中嵌入设计采购施工（EPC）标签，在物流途中通过射频识别技术读取标签信息，并传输到处理中心供企业和客户查询，实现对物流过程的实时监控。这样，企业或消费者就能实现对包裹的实时跟踪，以便及时发现物流过程中出现的问题，有效提高物流服务的质量，提高消费者网购的满意程度。

3. 实现智能质量监控

互联网是一个虚拟的世界，消费者对于网购中的商品是无法感知其质量的，因此商品质量是制约网购的一个非常大的因素。利用物联网技术，从原材料生产到商品生产开始，就在商品中嵌入电子标签，记录商品生产、流通的整个过程。消费者在网上购物时，只要根据卖家所提供的商品 EPC 标签，就可以查询到商品从原材料到成品，再到销售的整个过程，以及相关的信息，从而决定是否购买。

4. 实现智能供应链管理

通过物联网，企业可以实现对供应商提供的原材料和商品的实时监控，对整个物流体系进行管理，这不仅可对商品在供应链中的流通过程进行监督和信息共享，还可对商品在供应链各阶段的信息进行分析和预测。通过对商品当前所处阶段的信息进行预测，估计出未来的趋势或意外发生的概率，从而及时采取补救措施或预警。在整个供应链上，上下游企业通过共享信息，及时了解双方的需求，极大提高企业对市场的反应能力，加快了企业的反应速度。

第四节　电商物流的发展趋势

进入 21 世纪后，全球经济一体化进程日益加快，企业面临着更加激烈的竞争环境，资源在全球范围内的流动和配置大大加强，世界各国更加重视物流发展对于本国经济发展、国民生活素质和军事实力增强的影响，从而使现代物流呈现出一系列新的发展趋势。根据国内外物流发展的新情况，21 世纪物流的发展趋势可以归纳为以下方面。

一、信息化

21 世纪是信息时代。物流信息化是社会信息化的必然要求和重要组成部分。物流信息化表现在：物流信息的商品化，收集的代码化和数据库化，处理的电子化和计算机化，传递的标准化和实时化，存储的数字化和业务数据的共享化等。信息化是现代物流发展的基础，没有物流的信息化，任何先进的技术装备都难以应用于物流领域，信息技术在物流领域的应用将彻底改变世界物流的面貌，因此，条形码技术、数据库技术、GIS、GPS、EDI、XML（可扩展标记语言）、EPC、快速反应、有效客户反馈（ECR）及企业资源计划（ERP）等技术和方法在物流中会普遍应用。

信息化还可能导致物流功能的改变。信息化使在工业社会里的商品生产中心、商业贸易中心发挥的主导功能随着传统生产功能的转移而消失，物流不再仅仅传输商品，同时也传输信息，各种信息被聚集在物流中心，经过加工、处理、再向外传播。总之，信息化使物流的功能更加强大，并形成一个社会经济的综合服务中心。

二、自动化

自动化的基础是信息化，自动化的核心是机电一体化，自动化的外在表现是无纸化，自动化的效果是省力化。自动化可以扩大物流作业能力、提高劳动生产率、减少物流作业的差错。物流自动化的设施非常多，如条形码 / 语音 / 射频自动识别系统、自动分拣系统、自动存取系统、自动导向车及货物自动跟踪系统等。这些设施在发达国家已普遍应用在物流作业流程中，在我国自动化技术的普及还需要一个过程。

三、网络化

物流的网络化是物流信息化的必然，也是电商物流活动的主要特征之一。目前，网络技术的普及、全球网络资源的可用性为物流的网络化提供了良好的外部环境。这里的网络化有两层含义：一是物流系统的计算机通信网络，包括物流中心与供应商或制造商的联系及与下游客户之间的联系。例如，物流中心向供应商提出订单的过程，可以借助于增值网上的嵌入式操作系统和EDI 技术实现。二是组织的网络化，即所谓的内联网。通过组织的内联网将信息和订单很好地进行分配，进行分布式的生产和加工，并在内联网的支持下完成集结和运输。这一过程需要高效物流网络的支持。

四、智能化

智能化是物流自动化和信息化的高层次应用。物流作业过程中大量的运筹和决策，如物流网络的设计与优化、库存水平的确定、运输（搬运）路径的选择、每次运输装载量的选择、多种货物的拼装优化、运输工具的排程和调度、有限资源的调配、自动导向车的运行轨迹和作业控制、自动分拣机的运行、补货及配送策略的选择等问题都需要优化。物流中心经营决策支持等问题也都需要管理者借助智能工具和现代物流知识来解决。因此，物流的智能化已经成为物流发展的新趋势和不可回避的技术难题，需要运用智能专家系统、机器人等相关研究成果来解决。

五、柔性化

柔性化是为实现以客户为中心的理念而在生产领域提出的。要真正做到柔性化，即能真正根据消费者的需求变化来灵活调节生产工艺，没有配套的柔性化的物流系统是难以实现目标的。弹性制造系统（flexible manufacturing system，FMS）、计算机集成制造系统（computer Integrated manufacturing system，CIMS）、物料需求计划（MRP）、ERP 及供应链管理（SCM）的技术和概念的实质是要集成生产和流通，根据需求端的需求组织生产，安排物流活动。因此，柔性化的物流正是适应生产、流通与消费的需求而发展起来的一种新型物流模式。它要求物流中心根据消费者需求"多品种、小批量、多批次、短周期"的特色，灵活地组织和实施物流作业。

六、电子化

电子化是指商业过程实现的电子化，即电子商务。它同样是以信息化和网络化为基础的。电子化具体表现为：业务流程的每个步骤均实现电子化和无纸化；商务涉及的货币实现数字化和电子化；交易商品实现符号化、数字化；业务处理过程实现全程自动化和透明化；交易场所和市场空间实现虚拟化；消费行为实现个性化；企业之间或供应链之间实现无边界化；市场结构实现网络化和全球化等。

七、共享化

供应链管理强调链上成员的协作和社会整体资源的合理高效利用，以最少的资源来最大化地满足市场的需求。而供应链上的企业只有建立在互惠互利共赢伙伴关系的基础上，才能实现业务过程间的高度协作和资源的高效利用，只有共享资源、信息、技术、知识及业务流程等要素，才可能实现更合理高效的社会资源优化配置和供应链上物流业务的优势互补，并更快地对终端市场和整个供应链上的需求做出响应。

八、标准化

标准化技术也是现代物流技术的一项显著特征和发展趋势，同时也是现代物流技术实现的根本保障。货物的运输配送、存储保管、装卸搬运、包装分类、流通加工等环节中信息技术的应用，都必须有一套科学的作业标准。只有实现了物流系统各个环节的标准化，才能真正实现物流技术的信息化、自动化、网络化及智能化。特别是在经济和贸易全球化的今天，标准化的欠缺将阻碍这一发展进程。

九、协同化

瞬息万变的市场需求、日益激烈的竞争环境都要求企业和整个供应链具有更快的响应速度和更强的协同运作能力。供应商和客户的实时沟通与协同，一方面，能帮助供应商对企业自身的需求具有准确的可预见能力，以便提供更好的价格和服务，同时企业也能对其供应能力有较好的预见性，以保障企业长期、充足的供给业务；另一方面，企业也能及时了解客户的需求信息，在多变的市场环境中保持更快的响应能力，跟踪和监控需求满足的过程，准确、及时、优质地将商品和服务送达客户。为了实现物流作业的协同预测、规划和供应，快速响应和供应链上总库存的最佳配置等目标，需要与客户和合作伙伴间业务流程的紧密集成，达到零阻力、无时差的协作，共同分享业务数据、联合进行预测、计划、管理实施及控制评估等作业。只有企业间真正实现充分协同，才能使物流作业的响应速度更快、更具有前向预见性、更好地抵御各种风险、降低成本和提高产出，从而更好地满足客户的需求。

十、集成化

供应链物流业务由多个成员、多个环节组成，全球化和协同化的物流运作方式要求物流业务整个流程中的所有成员和环节的业务运作衔接得更加紧密，因此，必须高度集成这些成员和环节的业务及业务处理过程中的信息，缩短供应链的相对长度，实现供应链的整体化和集成化运作，促使供应链上的物流业务更流畅，产出率更高，响应速度更快，各环节的业务更加接近客户和客户需求。这种集成的基础是业务过程的优化和管理信息系统的集成，两者都需要完善的信息系统解决方案，通过决策、优化、计划、执行等方法和功能实现所有成员的信息系统无缝连接，最终实现系统、信息、业务、流程及资源的集成。同时，集成化也是共享化和协同化的基础，如果不首先实现集成，就难以实现共享化和协同化。

十一、社会化

物流的社会化也是今后物流发展的主要方向。最明显的表现形式就是物流业中出现的第三方物流和第四方物流。物流社会化也是物流合理化的一个重要方面，物流社会化一方面是为了满足企业物流活动社会化要求，另一方面也是为企业的物流活动提供了社会保障。而第三方物流、第四方物流乃至未来发展形成的第 N 方物流是随着物流业发展到一定阶段的必然产物。在某种意义上说，它是物流过程产业化和专业化的一种形式。因此，学术界预测未来的物流将向虚拟物流和第 N 方物流发展。此外，物流管理也将逐渐被外包，这将促使企业逐步告别"小而全、大而全"的纵向一体化运作模式，转向横向一体化的运作模式，集中精力完成自己最擅长的业务，增强自己的核心竞争力。

十二、全球化

为了实现资源和商品在国际间的高效流动与交换，促进区域经济的发展和全球资源的优化配置，物流运作必须向全球化的方向发展。在全球化的趋势下，物流的目标是为国际贸易和跨国经营提供服务，选择最佳的方式与路径，以最低的费用和最小的风险，保质、保量、准时地将货物从某国的供方运到另一国的需方，使各国物流系统相互"接轨"。它代表了物流发展的更高阶段。

我国加入 WTO 后，资源在全球范围内流动和配置的领域大大增加，企业面临的国内、国际市场的竞争更加激烈，越来越多的跨国公司正在加快对我国的投资速度，并纷纷到我国设立或扩大加工基地与研发基地，在此背景下一大批本国企业也正在真正融入全球产业链，有些还直接成为国际跨国公司的配套企业，这都大大加快了我国经济与世界经济接轨的步伐，加剧了我国企业在本土和国际范围内与外商的竞争，这对我国物流企业的发展提出了更高的要求。在这种新环境下，我国的物流企业必须把握好现代物流的发展趋势，运用先进的管理技术和信息技术，提升自己的竞争力和整体优势，提高物流作业的管理能力和创新能力，努力走我国新型工业化的道路。

第三章 电子商务环境下的物流模式

第一节 电商物流模式产生的背景

电商物流的出现改变了传统的物流模式。传统物流模式面临着诸多问题，具体表现在以下几方面。

一、物流质量水平低

中国物流业由于受多方面因素的影响，物流的质量总体水平比较低。物流质量主要由物流时间、物流费用和物流效率来衡量。

① 物流时间。据有关资料介绍，工业生产中物流所占用时间几乎为整个生产过程的 90%，生产环节的时间只占 10%。在货物运输中，我国现行运输管理体制也制约了不同运输方式之间的高效衔接，一定程度上也减缓了物流速度。城市内运输由于道路面积增长与车辆增长不匹配，因此车辆运输速度不断下降。在一些大城市，平均车辆运输速度已下降到 15km/h，严重影响了城市物流效率。

② 物流费用。在国民经济各部门中，运输费用在生产费用中因各部门产品对运输的依赖程度不同，其所占比重也不同。如果从物流业总体费用考虑，有关资料显示，物流费用占商品总成本的比重，从账面反映已超过 40%。

③ 物流效率。在总体上分析计算物流效率是一个十分困难的问题。社会经济活动中的物流过程非常复杂，物流活动的不同内容和形式，必须采用不同的方法去分析物流效率。这里我们用物流相关行业的成本费用总和与国内生产总值（GDP）的比值来评价物流总体效率。

二、物流业的发展与其他产业的发展不协调

物流业相对于第三产业中其他行业和其他产业，特别是第二产业的发展关系仍不协调，按照社会化大生产分工协作规律要求的物流社会化服务体系亟待加强。主要表现在：

① 基础设施能力不足。交通运输能力仍不能满足运输需求，主要运输通道供需矛盾依然突出。仓储设施落后，大量的仓库是 20 世纪五六十年代的老旧建筑。

② 技术装备落后。现代化的集装箱、散装运输发展不快；高效专用运输车辆少；汽车以中型汽油车为主，能耗大，效率低；装卸搬运的机械化水平低。

③ 管理分散，社会化服务水平低。现代物流的专业化分工特点虽然日益明显，但是物流的组织和管理也呈现综合性发展的趋势。各种物流方式和物流载体之间的联系越来越紧密。目前我国由于条块分割、部门分割，缺乏统一规划、重复建设加剧，加上市场发育滞后，全国物流企业处于小、多、散、弱的状况，难以形成有效的社会服务网络。

④ 物流人才短缺和物流信息化水平低。物流人才和信息化是实现物流现代化的根本条件。近年来国内贸易部门加强了物流学会的工作，这会对物流人才的培训和信息化推进一大步。但这只限于内贸部系统，依然不能解决整个物流行业的问题。物流管理和经营人才的缺乏是物流业发展的最大制约因素。现代物流业是与信息技术的发展和现代物流技术的创新相伴而行的。我们传统上对物资管理和流通的理解与运作已跟不上现代物流发展的步伐和管理的要求。

三、物流领域的改革和管理相对滞后

物流企业的管理水平、业务能力的欠缺制约着物流业的发展。目前，我国多数物流企业是在传统体制下物资流通企业的基础上发展起来的，其业务内容多数仍是代理仓储、库存管理、搬运和运输，很少有物流企业能够提供综合性的物流服务，第三方物流服务的功能尚不能很好地发挥。从国外发达国家发展历程来看，第三方物流企业的功能是设计、执行及管理客户供应链中的物流需要，其特点是依据信息和专业物流知识，以最低的成本提供客户需要的物流管理和服务。从我国目前的物流企业看，无论是物流服务的硬件还是软件，与提供高效率低成本的第三方物流服务的要求还有较大的差距，信息的收集、加工、处理、运用能力，物流业的专门知识，物流的统筹策划，精细化组织和管理等能力都存在不足。

四、物流系统的发展缺乏统一规划

物流业既然是全社会的服务行业，覆盖了国民经济的所有产业，就更应该重视它的总体发展规划。应当把物流作为国民经济大系统中的一个重要子系统来抓，就像对工业和农业进行总体规划一样，制订具体的发展目标，分部门组织实施，使物流业各个部门协调发展。

现在，我国物流业是多元化管理方式，涉及铁道、交通、民航、贸易、能源、农业等部门，造成物流业管理中存在条块分割、部门分割、重复建设等问题。对于支撑物流发展的基础设施建设、信息网络建设等缺乏统一规划，各部门、各地区缺乏协作，尚没有形成统一、开放的物流市场。我国交通运输能力仍不能满足运输需求，主要运输通道供需矛盾依然突出。我国现有的会计项目对物流费用的核算和管理不能从根本上揭示物流费用的分布，无法唤起企业对物流的重视。大多数企业将仓储、运输、装卸搬运、采购、包装、配送等物流活动分散在不同部门，没有纳入一个部门对物流活动进行系统规划和统一运作与管理。各部门各自为政，且缺乏对物流成本的核算和物流财务分析，致使整个系统的运作效率低。我国对物流科学的广泛研究只有十几年的历史，专门的研究机构不多，在理论上尚未形成适合中国实际情况的科学体系。

五、对搞好物流的重要性认识不足

全社会的物流观念淡薄是物流产业发展的主要制约因素。近年来虽然我国对现代物流产业发展的研究开始升温，但从总体上看，社会对物流业的认识仍局限于运输、仓储、搬运等，没有认识到现代物流对企业发展乃至全社会降低流通成本和交易费用，增加利润，提高企业竞争力的独特作用。许多企业对物流概念理解十分肤浅，普遍认为物流与运输和仓储关系密切，而与本企业关系不太大。在物流经营方式的选择上偏爱本部门、本企业的自营物流方式，而不喜欢物流业务的外包。此种问题的基本原因是观念陈旧，对市场经济的理解不深刻，仍然没有脱离旧体制的束缚，因而缺乏创新的思想和方法。

第二节　第三方物流模式

一、第三方物流概述

第三方物流英文全称为 third-party losgistics，简称为 3PL 或 TPL，是由相对"第一方"发货人和"第二方"收货人而言的第三方专业企业来承担企业物流活动的一种物流形态。它是提供物流交易双方的部分或全部物流功能的外部服务提供者。由于第三方物流是以签订合同的方式，在一定期限内将部分或全部物流委托给专业物流企业来完成的，因此其又称合同物流或契约物流、外包物流。

第三方通过与第一方或第二方的合作来提供专业化的物流服务，它不拥有商品，不参与商品化的物流代理服务。它提供的物流服务形式包括设计物流系统、EDL（编辑决策）能力、报表管理、货物集运，选择承运人、货代人、海关代理、信息管理、仓储、咨询、运费支付和谈判等。第三方物流和典型的运输或仓储等企业的关键区别在于：第三方物流的最大附加值是基于信息和知识，而不是靠提供最低价格的一般性的无差异的服务。例如，并不能把一个纯粹的汽车运输企业称为第三方物流企业。

社会分工的细化导致物流业发展到一定阶段必然会促使这种专业物流企业的出现，使其利用专业设施和物流运作的管理经验，为顾客定制物流需求计划和提供个性化的物流服务。第三方物流是物流专业化的重要形式，是物流社会化、合理化的有效途径。所以，第三方物流的发展程度反映和体现着一个国家物流业发展的整体水平。

在美国的一些主要市场上，第三方物流的利用效率已经达到了73%。在社会化配送方面发展最好的是日本，第三方物流在整个物流市场的份额更是高达80%。将物流外包给第三方物流企业是跨国公司管理物流的通行做法。按照供应链的理论，将不是自己核心业务外包给从事该业务的专业企业去做，这样从原材料供应到生产，再到商品的销售等各个环节的各种职能，都在由某一领域具有专长或核心竞争力的专业企业互相协调或配合来完成，这样所形成的供应链具有最大的竞争力。因此，戴尔将物流外包给联邦快递；亚马逊对于美国市场以外的业务也外包给 UPS（联合包裹）等专业物流企业。中国国内，如当当网的配送业务都委托给了第三方，当当网的模式集中于后台物流管理，力求满足顾客的需求。

因此，将物流业务外包给第三方是电子商务经营者适应电子商务的需求变化而进行的一种理想的选择。

二、第三方物流与物流一体化

（一）物流一体化的内涵

20 世纪 80 年代，西方发达国家，如美国、法国和德国等就提出了物流一体化的现代理论，应用和指导其物流发展取得了明显的效果。美国十几年的经济繁荣期与该国重视物流一体化的理论研究与实践，加强供应链管理，提高社会生产的物流效率和物流水平是分不开的。

所谓物流一体化实质是一个物流管理的问题，即专业化物流管理人员和技术人员，充分利用专业化设备、设施，发挥专业化物流运作的管理经验，以取得整体最佳的效果，使产品在有效的供应链内迅速移动，使参与各方的企业都能获益，从而使整个社会获得明显的经济效益。它是物流业发展的高级和成熟的阶段。

物流一体化的发展可进一步分为3个层次：物流自身一体化、微观物流一体化和宏观物流一体化。物流自身一体化是指物流系统的观念逐渐确立，运输、仓储和其他物流要素趋向完备，子系统协调运作，系统化发展。微观物流一体化是指市场主体企业将物流提高到企业战略的地位，并且提出了以物流战略作为纽带的企业联盟。宏观物流一体化是指物流业发展到这样的水平：物流业占到国家国民生产总值的一定比例，处于社会经济生活的主导地位，它使跨国公司从内部职能专业化和国际分工程度的提高中获得规模经济效益。

（二）第三方物流与物流一体化的关系

物流一体化是物流产业的发展形式，它必须以第三方物流充分发育和完善为基础。物流一体化的实质是物流管理问题，即专业化物流管理人员和技术人员，充分利用专业化物流设备、设施，发挥专业化物流运作的管理经验，以求取得整体最佳的效果。同时，物流一体化的趋势为第三方物流的发展提供了良好的发展环境和巨大的市场需求。

从物流业的发展来看，第三方物流是在物流一体化的第一个层次时出现萌芽的，但这时只有数量有限的功能性物流企业和物流代理企业。第三方物流在物流一体化的第二个层次时得到迅速发展。专业化的功能性物流企业和综合性物流企业及相应的物流代理企业出现了，并且发展很快。这些企业发展到一定水平，物流一体化就进入了第三个层次。

西方发达国家在发展第三方物流和实现物流一体化方面积累的成功经验与丰富经验说明，实现物流一体化，发展第三方物流，关键是具备一支优秀的物流管理队伍。它要求管理者必须具备较高的经济学和物流学专业的知识和技能，精通物流供应链中的每一门学科，整体规划水平和现代管理能力都很强。

第三方物流和物流一体化的理论为中国的国有大中型企业带来了一次难得的发展机遇，即探索适合中国国情的第三方物流运作模式，降低生产成本，提高效益，增强竞争力。

（三）第三方物流企业的类型

纵观国内外物流业现状，物流企业种类繁多。以下两种分类方法，相信对认识和了解第三方物流是十分有益的。

第一种按提供服务的种类划分。第三方物流企业有资产型、管理型和综合型3种基本类型。资产型第三方物流企业主要通过运用自己的资产来提供专业的服务。管理型第三方物流企业主要提供物流的规划与策划、物流管理咨询服务等。综合型第三方物流企业则兼具以上两种企业所具有的能力，既能提供管理咨询，又拥有必要的物流设施装备系统，能够承担各种物流业务。

第二种按物流业务划分，有综合型物流企业和各种功能性（或专业性）物流企业。综合性物流企业能提供运输、储存、包装、装卸、流通加工、物流信息、物流管理等各种物流业务。专业性物流企业只提供某一种或者几种物流服务，如运输服务、仓储服务、搬运服务、物流咨询服务等。

（四）我国第三方物流发展现状

1. 发展概况

20世纪90年代中期，第三方物流概念开始传到我国并促进了运输、仓储等基础物流业的快速发展。近几年，随着市场经济体制的完善和企业改革的深入，外购物流服务的需求日益增大。特别是随着外资企业的进入和市场竞争的加剧，企业对物流重要性的认识逐渐深化，视其为"第三利润源泉"，对专业化、多功能的第三方物流需求日渐增加。

不过，目前我国第三方物流企业的规模普遍较小，能够提供全国性、一体化物流服务的企业还不多；专业化物流的素质较低，一些高端需求、特殊需求还无法得到满足。造成这种状况的原因，既有物流企业起步时间较短，服务意识不强，整合社会资源的能力不够等主观原因，也有制造业、商贸业等集约化程度与管理水平的问题，还有体制和政策环境的制约问题，而市场的发育需要一个成熟的过程。

2. 形成结构

从第三方物流企业的形成结构看，大体分为以下4种。

一是传统仓储。经运输企业改造转型而来的物流企业，在物流业中占主要地位，占据较大的市场份额。中远集团、中外运集团、中国物资储运集团有限公司等，凭借原有的物流业务基础和在市场、经营网络、设施、企业规模等方面的优势，不断拓展和延伸其他物流业务，逐步向现代化物流企业转化。

二是新创办的国有或国有控股的新型物流企业。它们是现代企业改革的产物，管理机制比较完善，发展比较快。例如，成立于 1993 年 11 月的中海物流有限公司，从仓储开始发展物流业务，现已发展成能为国际大型知名跨国公司，提供包括仓储、运输、配送、报关等多功能物流服务。

三是外资和港资物流企业。它们一方面为原有客户——跨国公司进入中国市场提供延伸服务，另一方面用它们的经营理念、经营模式和优质服务吸引中国企业，逐渐向中国物流市场渗透，如丹麦有利物流公司主要为马士基航运公司及其货主企业提供物流服务，深圳的日本近铁物流公司主要为日本在华企业服务。

四是民营物流企业。它们由于机制灵活、管理成本低等特点，发展迅速，是我国物流行业中最具朝气的第三方物流企业。

3. 服务范围和功能

从提供的服务范围和功能来看，我国的第三方物流企业仍以运输、仓储等基本物流业务为主，加工、配送、定制服务等增值服务功能处在发展完善阶段。像宝供物流、中海物流这样功能完善的第三方物流企业目前为数不多，规模也不是很大。中远集团、中外运集团、中国物资储运集团有限公司这样大型的运输、仓储企业虽已向第三方物流企业转化，但它们的传统运输、仓储业务仍占主要部分，第三方物流的功能还不完善。中国仓储与配送协会的调查也说明，生产企业和商业企业的外包物流主要集中在市内配送、单纯仓储和干线运输方面。其中，生产企业的外包物流中，单纯仓储占 21%，干线运输占 36%，市内配送占 28%，包装占 4%；商业企业的外包物流汇总，单纯仓储占 37%，干线运输占 21%，市内配送占 43%，包装占 14%。可见生产企业外包物流以分包为主，即将不同功能的业务分别委托给不同的企业，这从物流供给的角度看，第三方物流企业为客户提供一揽子服务所占的比重不大。

4. 主要服务对象

目前，我国第三方物流的服务对象首先集中在外资企业，其次是民营企业和少数改制后的国有企业。如中海物流的客户主要有 IBM、美能达、三洋、东芝、三星、华为、联想等企业；宝供物流服务对象是宝洁、飞利浦、雀巢、沃尔玛、联想等。

总之，随着物流热的兴起，第三方物流得到了长足发展，涌现出了像中远集团、中外运集团那样既有规模，又有效益的物流企业。但从整体上看，企业规模不大，服务水平不高，第三方物流还只是停留在某一个层面或者某一些环节上，没有实现从原材料供给到商品销售整合供应链的全程服务，即还没有形成真正意义上的网络服务。

5. 第三方物流的优劣势分析

（1）优势分析

在当今竞争日趋白热化和社会分工日益细化的大背景下，第三方物流具有明显的优势，具体表现在：

①企业集中精力于核心业务。

由于任何企业的资源都是有限的，很难成为业务上面面俱到的专家，为此，企业应把自己的主要资源集中于自己擅长的主业，而把物流等辅助功能留给物流公司。这可以使企业集中资源，培育其核心能力，大力发展核心主业，把主业做大、做强、做精，走集约化的道路。

②降低经营成本。

将物流外包给第三方物流公司，会降低经营成本，这主要是通过以下两个方面来实现的。

一是减少了固定资产的投资，加速了资金周转。企业自营物流需要投入大量的资金购买物流设备，建设仓库和信息网络等专业物流设备。这些资源对于资金短缺的企业特别是中小企业是个沉重的负担。而如果使用第三方物流企业不仅减少了设施的投资，还解放了仓库和车队方面的资金占用，加速了资金周转。

二是发挥规模优势、专业化优势、信息化优势，降低库存与成本。第三方物流对物流系统的精心设计与计划，可以最大限度地减少库存，增加企业的现金流量，实现成本优势；第三方物流大多是直接对客户运作，所形成的规模优势将大大提高资源设备的利用率，提高专业化水平和工作效率，降低成本；第三方物流所具备的高水平专业化的技术能力及完善强大的信息服务优势会大大提高物流管理效率，从而降低物流成本。另外，自营物流会有外包物流所没有的许多隐性成本，如果把这些隐性成本核算出来，那么外包物流的成本是相对低廉的。

③提供灵活多样的顾客服务，为客户创造更多的价值。

专业化的第三方物流企业会利用其健全的物流网络、先进的物流设施和专业的运作能力给客户提供更灵活多样的高品质服务，创造更高的客户让渡价值。

（2）劣势分析

当然，与自营物流相比较，第三方物流在为企业提供上述便利的同时，也会给企业带来诸多不利。

①企业不能直接控制物流职能。

企业将物流业务外包给第三方物流企业时，就意味着不能像自营物流那样可以对物流各环节的活动进行自如的控制，物流的服务质量与效率不一定得到完全的控制与保证；在供应链中，由于过分依赖供应链伙伴，容易受制于人，处于被动地位，供应链的控制能力差。此时，外包企业对第三方物流企业的依赖相对更强一点，因为，物流的服务质量与效率决定于第三方物流企业，对企业的正常生产经营活动会产生严重影响，物流企业往往利用这种有利的地位欺诈对方，在必要时会提高价格，并转向那些能满足他们利益的客户，产生种种机会主义行为：如不按合同规定的时间配送、装卸搬运过程中故意要挟等。

②第三方物流企业尚未成熟。

我国第三方物流企业总体尚未成熟，没有达到一定的规模化与专业化，缺乏合格的专业人员设计和评估的物流管理系统，服务质量尚不能满足外包方的需求，成本节约服务改进的优势在我国并不明显，而且常常会造成外包物流的失败。

另外，外包物流不能保证客户服务的质量和维护与客户的长期关系，同时也意味着外包放弃了对物流专业技术的开发，还可能造成第三方物流企业通过与客户的直接接触提升了在客户心目中的整体形象，从而取代了外包方的地位等。

第三节　自营物流模式

一、自营物流的含义

所谓自营物流，即企业自身投资建设物流的运输工具、储存仓库等基础设施硬件，经营管理企业的整个物流运作过程。我国传统物流基本上都是以自营物流为主，不过，近些年来，发展迅速的第三方物流，已经成为现代物流的重要发展趋势。但是，无论是自营物流，还是第三方物流，都各有特点，都是现代物流的重要组成部分。

目前采取自营物流的电子商务企业主要有两类。

第一类为传统的大型制造企业或批发企业经营的电子商务网站。由于其自身在长期的传统商务中已经建立起初具规模营销网络和物流配送体系，在开展电子商务时只需将其加以改进、完善，就可以满足电子商务条件下物流配送系统的要求。

第二类是资金实力雄厚且业务规模较大的电子商务企业。电子商务在我国兴起的时候，国内第三方物流的服务水平远不能满足当时电子商务企业的要求，而这些企业手中持有大量的外国风险投资，为了抢占市场的制高点，不惜动用大量资金，在一定的区域甚至在全国范围内建立自己的物流配送系统。关于如何在提高配送时效和控制配送成本之间寻求一个平衡点的问题，则始终困扰着所有电子商务网站。

自营物流体系的核心是建立集物流、商流、信息流于一体的现代化新型物流配送中心，而电子商务企业在自建物流配送中心时，应广泛地利用条形码技术、数据库技术、电子订货系统、电子数据交换、快速反应及有效的客户反应等信息技术和先进的自动化设施，以使物流中心能够满足电子商务对物流配送提出的各种新要求。

二、自营物流的优劣势分析

（一）优势分析

综合来看，与第三方物流相较而言，自营物流具有以下两个方面的优势：

1. 反应快速、灵活

与第三方物流相比，自营物流由于整个物流体系属于企业内部的一个组成部分，与企业经营部门关系密切，以服务于本企业的生产经营为主要目标，能够更好地满足企业在物流业务上的时间、空间要求，特别是要求物流配送较频繁的企业，自营物流能更快速、灵活地满足企业要求。

2. 企业拥有对物流系统运作过程的有效控制权

在自营物流的情况下，企业可以通过内部行政权力控制自营物流运作的各个环节，对供应链较强的控制能力容易与其他业务环节密切配合，可以使企业的供应链更好地保持协调、稳定，提高物流运作效率。

（二）劣势分析

1. 一次性投资大、成本高

虽然自营物流具有自身的优势，但是由于物流体系涉及运输、仓储、包装等多个环节，建立物流系统的一次性投资较大，占用资金较多，对于资金有限的企业来说，物流系统建设投资是一个很大的负担。又由于企业自营物流一般只服务于自身，依据企业自身物流量的大小而建立。而单个企业物流量一般较小，企业物流系统的规模也较小，这就导致自营物流成本较高。

2. 需要较强的物流管理能力

自营物流的运营，需要企业工作人员具有专业化的物流管理能力，否则仅有好的硬件，也是无法高效运营的。目前我国的物流人才培养严重滞后，导致了我国物流人才的严重短缺，企业内部从事物流管理人员的综合素质也不高，面对复杂多样的物流问题，经常是凭借经验或者说是主观的考虑来解决，这成了企业自营物流一个亟待解决的问题。

一些企业通过自营物流，既服务于本企业，又为其他企业提供物流服务，实质上是一种业务上的多元化，其物流系统的性质已发生了一定的变化，与自营物流的本来定义已经不同了。

第四节　电商物流模式的创新

一、逆向物流

20世纪80年代以来，随着产品更新换代速度的加快，被消费者淘汰、丢弃的物资日益增多。逆向物流作为物流活动的重要组成部分，早已存在于人们的经济活动中。但长期以来，学者和企业管理者更多地关注商品的正向流动，即供应商—生产商—批发商—消费者，而对这些物品沿供应链的反向流动却不太关注。逆向物流和正向物流方向相反，而且总是相伴发生的。

逆向物流概括起来主要包括以下4个方面的内容：①逆向物流的目的是重新获得废弃商品或有缺陷商品的使用价值，或是对最终的废弃物进行正确的处理。②逆向物流的流动对象是商品、用于同品运输的容器、包装材料及相关信息，将它们从供应链终点沿着供应链的渠道反向地流动到相应的节点上。③逆向物流的活动包括对上述流动对象的回收、检测、分类、再制造和报废处理等活动。④尽管逆向物流是指商品的实体流动，但同正向物流一样，逆向物流中也伴随了资金流、信息流及商流的流动。

二、云物流

（一）云计算在物流领域的应用

在物流领域中应用云计算，可以让物流企业根据自己的实际规模和需求，动态地从 Internet 的云端选择相应可视化的资源和服务，从而满足物流企业在日常运营过程中的各项 IT 服务的需要。

IBM 智慧的"物流云"就提出了类似的概念。它提供了一个基于云算技术的智慧物流方案，可以把物联网运用于物流领域，全面提高货物装卸、运输、仓储、检修和通关的智能化水平，实现物流业的高效、快捷、集约、透明，从而节约管理成本、提高管理水平。而作为云软件服务和应用开发的平行（Platform-as-a-Serice，PaaS），它一方面提供构建和运行软件服务的平台，另一方面它负责管理所有的硬件和软件资源，通过 Internet 为客户提供符合需求的、基于 Web 的软件解决方案。PaaS 可提供所需的所有运行在互联网中的应用基础设施，客户只需"打开水龙头"获取服务即可，不必担心幕后的复杂性。PaaS 是基于订阅模式的一项技术，所以客户只需为他所使用的功能付费即可。利用 PaaS，独立软件开发商和企业信息技术（IT）部门能够更专注下创新，而不是复杂的基础设施；物流企业可以将预算更多地投入能提供真正的商业价值的地方，而不是花费大量资金和人力在基础设备的购买与养护上。

（二）云计算系统及平台发展现状

目前，亚马逊（Amazon）、谷歌（Google）、IBM、微软（Microsoft）、Sun 等公司纷纷提出了云计算基础设施或云计算平台，此外，开源组织和学术界也纷纷提出了许多云计算系统或平台方案。

① Google 的云计算基础设施。Google 的云计算基础设施是在最初为搜索应用提供服务的基础上逐步扩展的，主要由分布式文件系统、大规模分布式数据库、程序设计模式、分布式锁机制等几个相互独立又紧密结合的系统组成。

② IBM "蓝云"计算平台，IBM 的"蓝云"计算平台是由一个数据中心、IBMTivoli 监控软件、IBMDB2 数据库、IBMTivoli 部署管理软件。IBM Web Sphere 应用服务器及开源虚拟化软件和一些开源信息处理软件共同组成的。

③ Sun 的云基础设施。Sun 提出的云基础设施体系结构包括服务、应用程序、中间件、操作系统、虚拟服务器、物理服务器 6 个层次，并提出了云计算可描述为从硬件到应用程序的任何传统层级提供服务的观点。

④ 微软的 Azure 云平台。微软的 Azure 云平台包括 3 个层次：底层，即微软全球基础服务系统，由遍布全球的第 4 代数据中心构成；云基础设施服务层，以 Windows Azure 操作系统为核心，主要从事虚拟化计算资源管理和智能化任务分配；Windows Azure 之上是应用服务平台，发挥着构件的作用，

为客户提供一系列服务。

⑤ Amazon 的弹性计算云。Amazon 是最早提供云计算服务的企业之一。该企业的弹性计算云平台建立在企业内部的大规模计算机、服务器集群之上，该平台为客户提供网络界面操作在云端运行的各个虚拟机实例。

（三）基于 SOA 的云计算平台框架

不同的云计算平台有不同的特点，特别是在平台的使用上，透明计算平台同时为用户提供了用户实际接触的客户端节点及无法接触的远程虚拟存储服务器，是一个半公开的环境。Google 的云计算平台环境是私有的环境，除了开放有限的应用程序接口，如 Google Web Toolkit、Google App Engine 及 Google Map API 等以外，Google 并没有将云计算的内部基础设施共享给外部的用户。IBM 的"蓝云"计算平台则是可供销售的软硬件集合，用户基于这些软、硬件产品可构建自己的云计算应用。Amazon 的弹性计算云则是托管式的云计算平台用户可以通过远端的操作界面直接操作使用，看不到实际的物理节点。此外，再从其他角度比较各个云计算系统的不同之处，发现虽然云计算系统在很多方面具有共性，但实际上各个系统之间还是存在很大区别的，这也给云计算用户或者开发人员带来了不同的体验。

针对这些云计算平台，我们在设计基于 SOA 的云计算平台的体系结构时，将涉及包括硬件和系统软件在内的多个层次。总体而言，大致可以分成如下 3 层：

① 硬件平台。硬件平台就是所谓的 IaaS，主要面向用户提供虚拟化的计算机资源、存储资源、网络资源，包括服务器、网络设备、存储设备等在内的所有硬件设施，它是云计算的数据中心。硬件平台首先要有可扩展性，用户可以假定硬件资源无穷多，可根据自己的需要，动态地使用这些资源，并根据使用量来支付服务费，不需要为需要购买、维护多少设备来支持、与前访问量而犯愁。

② 云平台。这里的云平台专指 PaaS，主要提供服务开发工具和基础软件（如数据库、分布式操作系统等），从而帮助云服务的开发者开发服务系统。另外，它也是云服务的运行平台，需要具有 Java 运行库、Web2.0 应用运行库、各类中间件等。

③ 云服务。云服务是指可以在互联网上使用一种标准接口来访问的一个或多个软件功能。它类似之前提出的软件即服务（SaaS），但与 SaaS 不同的是，传统的软件即服务的系统需要服务提供商自己提供和管理硬件平台与系统平台，而云计算平台上的云服务，不需要供应商自己提供硬件平台和云平

台。用户可以通过互联网随时随地访问各类服务，从而访问和管理用户自己的业务数据，而不需要供应商到现场为用户安装和调试软件、配置服务器等。

目前，很多厂商已经提供了上述某些平台，如 IBM 的 Smart Business Storage Cloud 和 Amazon 的 EC2 主要是一个云计算的硬件平台（硬件作为一项服务）；Google 的 Application Engine 主要是一个云平台；Salesforce 则是云服务的提供商。

总而言之，通过虚拟化的方式，云计算平台能够极其灵活地满足各类需求，而不受硬件的局限。在构建云计算硬件平台时，应主要需要考虑存储结构，即不仅需要考虑存储的容量，还需要考虑磁盘数据的读写速度。单个磁盘的速度很有可能限制服务程序对数据的访问，因此在实际使用过程中，需要将数据分布到多个磁盘之上，并通过对多个磁盘的同时读写来达到提高速度的目的。此外，数据如何放置也是一个非常重要的问题。Google File System 的集群文件系统和基于块设备的存储区域网络（SAN）系统提供了两种可行的存储技术。开源的 Hadoop HDFS（hadoop distributed file system）实现了类似 Google File System 的功能，提供了一个构建硬件平台的解决方案的参考。

三、冷链物流

（一）冷链物流的定义

冷链物流泛指冷藏冷冻类物品在生产储存运输再加工及销售的全过程中始终处于规定的低温环境下（0~4℃），以保证物品质量和性能的系统工程。它是以保持低温环境为核心要求的供应链系统，是随着科技进步及制冷技术的快速发展而发展起来的，是以冷冻工艺学为基础、以制冷技术为手段的低温物流过程。

冷链物流适合的商品一般可以分为 3 类：初级农产品，包括蔬菜、水果、肉、禽、蛋、水产品、花卉等；加工后的食品，如速冻食品，禽、肉、水产等包装熟食，冰激凌和奶制品等；特殊商品，如药品和疫苗等。

（二）冷链物流的特点

作为物流的重要组成部分，冷链物流除了具有一般物流的特点外，还具有自身的特色，如对冷藏技术和时间的严格要求，这是冷链物流与其他物流的主要区别。除此之外，冷链物流还具有以下特点：①建设投资大，技术复杂；②要求冷链各环节具有更高的组织协调性；③有效控制运作成本与冷链发展密切相关；④冷链物流市场经营规模小，网络分散。

第四章　物流金融理论分析

第一节　我国物流金融的产生及发展现状

一、我国物流金融的产生背景

① 物流企业融资困境。在国内，由于中小型物流企业存在着信用体系不健全的问题，因此其融资渠道贫乏，生产运营的发展资金压力大。大型物流企业要做最专业的物流供应商，应加大信息化方面的投入，体现高效率，抢占物流市场份额，实现企业集团化、规模化经营。物流金融服务的提出，可以有效支持物流企业的融资活动，盘活物流企业暂时闲置的原材料和产成品的资金占用，优化企业资源。

② 金融机构创新意识增强。为在竞争中获得优势，金融机构，如银行，不断进行业务创新。这就促使了物流金融的诞生。物流金融可以帮助银行吸引和稳定客户，扩大银行的经营规模，增强银行的竞争能力；可以协助银行解决质押贷款业务中银行面临的"物流瓶颈"——质押物仓储与监管；可以协助银行解决质押贷款业务中银行面临的质押物评估、资产处理等服务；物流金融服务可以帮助金融机构扩大贷款规模，降低信贷风险，甚至可以协助金融机构处置部分不良资产。

③ 供应链"共赢"目标。对于现代第三方物流企业而言，物流金融可以提高企业一体化服务水平和竞争能力，扩大第三方物流企业的业务规模，增加其高附加值的服务项目和经营利润；对于供应链企业而言，物流金融可以降低供应链企业的融资成本，拓宽供应链企业的融资渠道；可以降低供应链企业原材料、半成品和产品的资本占用率，提高供应链企业资本利用率，实现资本优化配置；可以降低采购成本或扩大销售规模，增加企业的销售利润。

当前物流金融业务发展呈现出三大趋势：

① 物流金融服务的参与者日益增多。一是融资企业从流通型客户向生产

型客户发展。最初对物流金融有需求的客户是流通型的贸易商，随着物流金融的便利性和可操作性逐步改观，越来越多的生产型客户也开始参与到物流金融服务的行列。二是物流金融的关系人正在从 3 方扩展到 4 方，从而形成了贸易商、供货商、监管方、银行 4 方合作的业务模式。

② 物流金融服务从物流的单一环节向物流全过程发展。由于有了供货商的参与，物流金融服务的提供商可以对货物从出厂时到货物移交至客户手中的全过程进行监管。

③ 物流金融质押模式从静态质押监管向动态质押监管发展。所谓静态质押监管是指货物质押后不再变动，一直到质押期结束才放货。由于很多企业都要不断地进行生产，不断采购原材料，不断出货和生产，实际上货物始终处于流动状态，因此，质押监管也随之由静态向动态发展变化。

二、我国物流金融存在的问题

目前，物流企业和金融机构都把物流金融业务当成新的利润增长点与今后的主要发展方向。但总体说来，我国的物流金融服务程度还不高，还处在初级发展阶段，主要存在着以下几方面的问题。

① 相关法律法规不完善。目前我国还未出台专门针对物流金融的法律法规，也没有行业性指导文件可以依据，这就使我国开展物流金融业务时出现操作不规范问题，容易引起法律纠纷。目前仓单质押等物流金融业务的开展只能参考《中华人民共和国合同法》《中华人民共和国物权法》《中华人民共和国担保法》《货款通则》的相关规定，而这些法律法规中相关的条款并不完善。

② 信息管理水平和技术手段比较落后。目前我国缺乏统一的公共物流信息平台，物流信息服务功能弱，信息无法共享，阻碍相互协作，制约了物流金融服务运行效率和服务质量的提高。当前多数商业银行仍未建立起全面、完善的中小企业信息库，还未制定出合理有效的中小企业信用评价指标体系和企业融资准入标准，这些都使物流金融业务在执行时还面临许多操作上的困难。

③ 物流企业整体经营管理水平不高。只有具备一定条件的专业物流企业才能作为公平、公正的第三方介入物流金融业务，成为银行和融资企业之间的安全屏障。我国物流企业准入门槛过低，大多缺乏统一管理，距离现代物流的要求还有一定差距。我国的物流企业绝大多数表现为百人以下的小型运输仓储公司，仅有极少数规模在 500 人以上。受规模、资本等多种因素限制，我国物流企业经营方面很难实现规模经济。大多数物流企业在信息管理水平、经营管理制度、员工素质等方面还难以达到物流金融所要求的水平，这在很

大程度上限制了物流金融的发展。

④ 物流金融的风险管理体系不健全。物流金融业务开展以后引起的资金流动，涉及管理体制、运行效率、信息安全等一系列问题，因而存在运营风险、市场风险、安全风险和信用风险等各种风险。例如，出质企业为了更多地获得贷款，刻意虚报、高报质押物的价值，而物流企业由于自身能力的原因对其市场上的真正价值难以判断，也不能准确预测质押物的价格变动趋势，或者因轻信出质企业一方之词以致评估结果失真，高估质押物价值，这成为仓单质押业务的核心风险。物流企业和金融机构对于物流金融这一新兴的业务领域经验不足，风险预警系统和防范体系还不健全。

第二节 物流金融的特点与分类

一、物流金融的特点

物流金融业务把银行、生产企业及多家经销商的资金流、物流、信息流进行互补，在运作过程中，它具有如下特点。

① 标准化。不仅所有物流商品的质量和包装标准都以国家标准与协议约定的标准由物流企业验收、看管，而且要求所有动产质押品都是按统一、规范的质押程序由第三方物流企业看管，避免动产质押情况下由银行派人看管和授信客户自行看管的不规范行为，从而确保质押的有效性。

② 信息化。所有质押品的监管都借助物流企业的物流信息管理统一进行，从总行到分行、支行的业务管理人员，都可以随时通过物流企业的信息管理系统，检查质押品的品种、数量和价值，从而获得质押品的实时情况。

③ 远程化。借助物流企业覆盖全国的服务网络，再加上银行系统内部的资金清算网络，动产质押业务既可以在该行所设机构地区开展业务，也可以开展异地业务，并能保证资金的快捷结算和物流的及时运送。

④ 广泛性。物流金融的服务区域具有广泛性，既可以在银行所设机构地区，也可以超出该范围开展业务。质押货物品种具有广泛性，可以涵盖物流企业能够看管的所有品种，如各类工业品和生活品、产成品及原产品等。服务客户对象具有广泛性，无论何种企业，只要具有符合条件的动产质押产品，都可以开展该项业务。对于流动资金缺乏的厂商，物流金融业务可增加厂商的流动资金；对于不缺乏流动资金的厂商，物流金融业务也可增加其流动资金，促进企业销售，增加利润。

二、物流金融的分类

物流金融服务的客户主要是企业，尤其是中小企业，这些企业的物流金融服务需要可以分为以下 6 类：①资金划转、支付需要，如活期存款账户、自动取款机（ATM）、付款卡等；②资金收益的需要，如储蓄账户、单位信托、债券等；③延期付款或提前消费的需要，如贷款、信用卡、抵押贷款等；④风险管理的需要，如保险；⑤信息需要，如产品信息、股价信息等；⑥对咨询或专长的需要，如税务计划、投资计划、并购建议等。

提供物流金融服务的组织，要集中力量开发可以满足客户需要的产品和服务，理解客户的需要与偏好，寻找使其产品服务更富吸引力并说服客户购买的有效方法。

随着现代金融和现代物流的不断发展，物流金融的形式也越来越多，按照金融在现代物流中的业务内容，物流金融分为物流结算金融、物流仓单金融、物流授信金融。

（一）物流结算金融

物流结算金融是指利用各种结算方式为物流企业及其客户融资的金融活动。目前主要有代收货款、垫付货款、承兑汇票等业务形式。

1. 代收货款

代收货款业务是指物流企业为企业（大多为各类邮购企业、电子商务企业、商贸企业、金融机构等）传递实物的同时，帮助供方向买方收取现款，然后将货款转交投递企业并从中收取一定比重的费用。代收货款模式是物流金融的初级阶段，从盈利来看，它直接带来的利益属于物流企业，同时厂家和消费者获得的是方便快捷的服务。

2. 垫付货款

垫付货款业务是指当物流企业为发货人承运一批货物时，物流企业首先代提货人预付一半货款，当提货人取货时则交付给物流企业全部货款。为消除垫付货款对物流企业的资金占用，垫付货款还有另一种模式：发货人将货权转移给银行，银行根据市场情况按一定比例提供融资，当提货人向银行偿还货款后，银行向物流企业发出放货指示，将货权还给提货人。此种模式下，物流企业的角色发生了变化，由原来商业信用主体变成了为银行提供货物信息、承担货物运送、协助控制风险的配角。从盈利来看，厂商获得了融资，银行获得了利息收入，而物流企业也因为提供了物流信息、物流监管等服务而获得了利润。

3.承兑汇票

承兑汇票业务也称保兑仓业务,其业务模式为:开始实施前,买方企业、卖方企业、物流企业、银行要先签订《保兑仓协议书》,物流企业提供承兑担保,买方企业以货物对物流企业进行反担保,并承诺回购货物;需要采购材料的借款企业,向银行申请开出承兑汇票并交纳一定比重的保证金;银行先开出银行承兑汇票;借款企业凭银行承兑汇票向供应商采购货品,并交由物流企业评估入库作为质押物;金融机构在承兑汇票到期时兑现,将款项划拨到供应商账户;物流企业根据金融机构的要求,在借款企业履行了还款义务后释放质押物。如果借款企业违约,则质押物可由供应商或物流企业回购。

(二)物流仓单金融

物流仓单金融主要是指融通仓融资,但随着现代物流和金融的发展,物流仓单金融也在不断创新,出现了多物流中心仓单模式和反向担保模式等新仓单金融模式

1.融通仓融资

融通仓融资是一种把物流、信息流和资金流综合管理的创新服务。其内容包括物流服务、金融服务、中介服务和风险管理服务及这些服务间的组合与互动。融通仓融资是一种物流和金融的集成式创新服务,其核心思想是在各种流的整合与互补互动关系中寻找机会和时机;其目的是提升顾客服务质量,提高经营效率,减少运营资本,拓展服务内容,减少风险,优化资源使用,协调多方行为,提升供应链整体绩效,增加整个供应链竞争力等。参与的物流、生产、中介和金融企业都可以通过融通仓融资模式实现多方共赢。融通仓融资的产生将为我国中小企业的融资困境提供新的解决办法;将提高商业银行的竞争优势,调整商业银行信贷结构,有效化解结构性风险;将促进我国第三方物流的进一步发展。

2.多物流中心仓单模式和反向担保模式

随着现代物流和金融的发展,物流仓单金融也在不断创新,从而出现了多物流中心仓单模式和反向担保模式等新仓单金融模式。多物流中心仓单模式是在仓模式的基础上,对地理位置的一种拓展:物流企业根据不同客户,整合社会仓库资源甚至是客户自身的仓库,就近进行质押监管,这极大降低了客户的质押成本。反向担保模式对质押主体进行了拓展:不是直接以流动资产交付银行作抵押物而是由物流企业控制质押物,这样极大地简化了程序,提高了灵活性,降低了交易成本。

（三）物流授信金融

物流授信金融是指金融机构根据物流企业的规模、经营业绩、运营现状、资产负债比例及信用程度，授予物流企业一定的信贷额度，物流企业直接利用这些信贷额度向相关企业提供灵活的质押贷款业务，由物流企业直接监控质押贷款业务的全过程，金融机构则基本上不参与该质押贷款项目的具体运作。该模式有利于企业更加便捷地获得融资，减少原先质押贷款中一些烦琐的环节；也有利于银行提高对质押贷款的全过程监控能力，更加灵活地开展质押贷款服务，优化其质押贷款的业务流程和工作环节，降低贷款风险。

第三节　物流金融的运作模式

从物流活动的全过程来看，企业物品和资金的流动按采购、生产、销售可依次体现为预付、库存和应收三个阶段，相应地，现行各种类型的物流金融的产品均可对应在"预付类""存货类""应收类"三个环节上，或者也可能是不同环节的模式的组合，如供应链金融，就是采购、生产、销售 3 个环节的组合。

一、物流金融运作模式分类

物流金融运作模式根据金融机构参与程度不同，把物流金融运作模式分为资产流通模式、资本流通模式和综合模式。

资产流通模式是指第三方物流企业利用自身综合实力、良好的信誉，通过资产经营方式，间接为客户提供融资、物流、流通加工等集成服务。物流企业代替借款企业向供应商采购货物并获得货物所有权，然后根据借款企业提交保证金的比重释放货物。物流企业与外贸公司合作，以信用证方式向供应商支付货款，间接向采购商融资；供应商把货物送至融通仓的监管仓库，融通仓控制货物的所有权；根据保证金比重，按指令把货物转移给采购商。

资本流通模式是指物流金融提供商利用自身与金融机构良好的合作关系，为客户与金融机构创造良好合作平台，协助中小型物流企业向金融机构进行融资，提高物流企业运作效率，如可以开展仓单质押融资、买方信贷、授信融资、反向担保等业务。

综合模式是资产流通模式和资本流通模式的结合，是物流金融高层次的运作模式，其对物流金融提供商有较高要求。例如，物流金融提供商应具有自己全资、控股或参股的金融机构。

二、上、中、下游产业链的物流金融运作模式

（一）上游采购环节

企业从上游合作伙伴采购原材料、半成品支付预付款，此时企业无现实货物或货权，以未来的提货权融资的仓储监管模式的典型代表是保兑仓。保兑仓业务操作流程为制造商、经销商、物流企业、银行4方签署《保兑仓业务合作协议书》，经销商根据与生产商签订的《购销合同》向银行交纳一定比重的保证金，申请开设银行承兑汇票，专项用于向生产商支付货款，由物流供应商提供承兑担保，经销商以货物对物流供应商进行反担保。物流供应商根据掌控货物的销售情况和库存情况按比重决定承保金额，并收取监管费用。对于我国的国有超大型物流企业来说大多设有自己的物流配送中心，如中国。有大量的固定资产作为企业诚信的保证，物流金融业务的推动仅仅以少数超大型或大型国有物流企业是不够的，大多数中小型物流企业不能在银行取得相应的授信，而中小型物流企业才是这一业务的真正主力军。对于这些中小型物流企业的销售情况、库存周转情况、零售商销量情况的掌控，中小型物流企业无力做到全面了解，其只能参与仓储、配送等环节。这就要求担保企业发挥作用，使担保企业与银行合作，从而高效、有利地为中小型物流企业融资提供融资服务，而这也是解决这一问题的有效手段。

（二）中游加工、生产环节

在此环节企业采购货物形成库存，以库存货物为质押物的融资模式主要是仓单质押融资模式。仓单质押是物流金融的主要模式之一，其是以仓单为标的物而成立的一种质权，分为质押担保融资和信用担保融资两种形式。其中，信用担保融资是对质押担保融资进一步的深化和改进。在传统的信用担保融资模式中，银行根据第三方物流企业的规模、经营业绩、运营现状、资产负债比重及信用程度，授予第三方物流企业一定的信贷配额，第三方物流企业又根据与其长期合作的企业的信用状况配置其信贷配额，为该企业提供信用担保，并以受保企业滞留在其融通仓内的货物作为质押品或担保品以确保其信用担保的安全。虽然物流金融中的信用担保融资可以有效解决企业融资困难的问题，帮助企业较为迅速地得到贷款用于经营，加快资本周转速度，提高企业利润率，但是传统的信用担保融资模式仍有诸多需要改善的地方。在传统的信用担保融资模式中没有有效处理好贷款风险问题。这是实际融资活动中银行最为关注的敏感问题。银行为控制风险，必须对质押物进行充分的了解，但这些远远超出了银行的日常业务范畴和专业能力范畴。于是银行

和贷款企业之间就存在着信息不对称的问题，当然第三方物流企业有银行授信是为银行所信任的，但是由于缺乏监管机制和机构，在实际经营中难免会有第三方物流企业与贷款方合谋的情况出现，从而加大了金融机构贷款的风险。因此，需要第三方监督机构——担保企业分担银行职能，化解银行风险帮助银行分析贷款企业情况，同时监督第三方物流企业是否行使对监管物的监管、保存和出现偿贷后的监管物处理等义务。

（三）下游销售环节

在下游销售环节，企业销售产品形成应收账款，针对应收账款信用需求的解决方案，是通过担保企业或其他金融服务商质押或买断应收账款的方式来控制风险的金融产品，其需要对应收账款的质量和变现性进行重点把握。其主要有应收账款质押、有追索权物流保理和无追索权物流保理 3 种模式。企业用于向银行作抵押的不动产及动产，全社会的信用体系越发达、完善，金融机构便会越重视企业无形资产的价值，从我国现状来看，无论上述哪种模式要得到银行良好的资产认可都很困难，尤其是对于企业的动产和无形资产。在企业内部信用增级困难的前提下企业要取得充足的流动资金融资就要寻求企业外部信用增级途径。这时，担保企业的业务发展与企业的这一需求不谋而合，担保企业利用其在银行良好的信誉和充足的实力，结合对企业资信评估和其他风险控制措施，为企业向金融机构提供信用增级服务。相信随着物流金融的进一步发展这一模式必定有广阔的发展前景。

（四）物流金融运作模式创新

北美及菲律宾等地是目前物流金融规范体系最全面的所在地。美国的物流金融模式本质其实是依赖政府，通过农产品的仓单质押，建立一整套全面的系统规则，来降低农产品物流体系的运作成本。非洲的赞比亚物流金融则没有采用北美的发展模式，在自然资源协会（NRI）的帮助下，参照发达国家的物流金融系统的开发和管理，同时为了避免政府的干预，创立了与政府保持一定距离、不受政府监管的自营机构——赞比亚农业产品代理公司。物流金融模式的创新，主要体现在物流企业的参与程度、物流金融业务的类型等方面。首先，根据物流企业参与程度的不同，归结起来有 3 种基本发展模式：中介模式、担保模式和自营模式。中介模式处于物流金融发展的初级阶段，主要依赖物流金融参与主体之间的业务联系和契约纽带，形成信贷人、物流企业和借款人的三方契约模式。担保模式是以统一授信为基础的一种物流金融业务模式，由信贷人统一授信给物流企业，物流企业承诺按约定利率支付给信贷人利息。自营模式是对于实力雄厚的第三方物流企业而言的，随着物流企业在融资过程中参与程度的不断深入,集信用贷款的提供者和物流金融服务的提供者两角色于一身,开创物流金融融资的自营模式。自营模式是物流金融高层次的运作模式,其对物流金融提供商有较高要求。例如,物流金融提供商应具有自己全资、控股或参股的金融机构。此外,按照物流金融业务的类型可以分为:物流结算模式、物流仓单模式、物流授信模式和综合运作模式等。物流结算金融是利用各种结算方式为物流企业及其客户融资的金融活动,主要有代收货款、垫付货款和承兑汇票等业务形式。物流仓单模式是向金融机构按中小型物流企业信用担保管理的有关规定和要求提供信用担保,金融机构授予融通仓一定的信贷额度。物流授信模式是金融机构根据物流企业的信用程度,授予一定的信贷额度,由物流企业向相关企业提供当前我国城市物流金融的发展机制,研究灵活的质押贷款业务,金融机构则基本上不参与质押贷款项目的具体运作。综合运作模式包括了以上三种物流金融模式,是物流金融的高级运作模式,其对物流金融服务提供商有较高要求。

第四节 互联网环境下物流金融的新模式构建

一、我国物流金融的发展历程

中小型企业作为国民经济发展的重要组成部分,发挥着举足轻重的作用。然而在其成为推动我国经济增长主力军的同时,中小型企业融资难一直是亟待解决的难题。中小型企业在运营过程中,始终与物流企业发生着物流、资金流及信息流的交换,因而以掌握着中小型企业货物、交易数据等相关信息的物流企业作为连接点,促使银行与融资企业的合作成为可能,在此背景下物流金融应运而生。我国物流金融业虽然起步较晚,但所取得的成就却不同凡响。信用体系不健全、运营资金压力大等因素一直制约着中小型企业的发展。物流金融服务的提出,在盘活其闲置产品占有资金的同时,也有利于优化资源、提高企业竞争力。对于金融机构来说,物流金融服务不仅能够扩大贷款规模、增加利润收入,还有利于增强创新业务的意识。而物流企业的质押货物监管业务,既增加了自身利润收入,又加大了和上、下游进行长期合作及业务延伸的可能性,是物流企业服务的一次革命。由于物流金融同时满足了物流企业、中小型企业及金融机构的共同需求,因此发展物流金融服务具有重要的现实意义。

二、"互联网+"的提出及在物流金融中的应用

（一）"互联网+"的提出背景

随着物联网、云计算及大数据等新一代信息技术的日益成熟，信息化建设架构、业务系统建设方式及基础设施建设等都发生了重大变化。顺应时代潮流，电子商务成为信息化主导力量。电商平台、现代物流和第三方支付的出现，为"万众创新"理念提供了基础工具。近几年来，随着互联网技术的成熟，呈现出一些新的发展趋势。2015年李克强总理在《政府工作报告》中提出"互联网+"时代的概念，同年5月商务部也发布了《"互联网+流通"行动计划》，这些都为其在物流金融中的应用提供了政策保障。"互联网+"是指互联网、大数据等现代信息技术与传统行业相融合的一种经营创新模式，是实现中国经济转型升级的一项具体行动计划。

（二）"互联网+"与物流金融的契合度分析

① "互联网+"与物流金融的服务方式相一致。互联网具有虚拟性、间接性与隐蔽性特点，而"互联网+"的理念则是接触实体经济，从本质上实现网络虚拟与经济实体的融合。通过对传统实体企业经营模式的破坏，达到线上线下一体化创新经营模式的目标。而物流金融则是指通过对实体中小企业的社会背景进行评估，进而做出实施融资的决定。这种服务融资模式是虚拟经济的一种表现形式，但各参与者通过合作达到各自盈利的目的仍属于明确的实体经济形式。从这个角度来看，"互联网+"与物流金融的服务方式相一致，从而为"互联网+"这一时代背景下物流金融的创新提供了条件。

② 互联网普惠性与物流金融的服务理念相吻合。互联网物流金融作为"互联网+"的新业态，具有覆盖面广、门槛低、服务高效等普惠性特点，以其特有的包容性和全面性成为新时代我国中小企业经济发展的优质选择。在这一时代背景下，社会各界则能够以较低成本享受互联网带来的机遇。中小企业融资难一直是制约其经济发展的关键因素，而物流金融的出现则在一定程度上提高了融资企业的贷款率。有掌握相关交易数据的物流企业为融资企业的信用进行背书，在一定程度上消除了金融机构对融资企业的歧视，增加了双方合作的可能性。因此，两者服务理念的吻合也促使了"互联网+"在物流金融中的应用。

③ 互联网的高信息化是解决物流金融风险的有力工具。物流金融在给参与者带来机遇的同时，也带来了极大的挑战。目前物流金融所带来的风险主要表现在：质押物风险、融资企业信用风险、物流企业监管风险及金融机构

自身的风险等。通过深入探究会发现，信息不对称是产生这些风险的根源。而大数据、云计算等现代信息技术的运用，则可以实现融资企业资产、经营状况、产品市场前景等方面的数据信息化，有利于金融机构做出正确选择。除此之外，物联网的运用，也可以实现对质押物的实时监控，这样既降低了操作失误率，又方便供应链上的参与者对质押物市场数据的及时更新。因此，互联网的高信息化特点也成为其与物流金融相耦合的一个重要因素。

综上所述，"互联网+"在物流金融中的应用，具有充分的理论及现实条件，符合近期物流金融模式的改进方向，是我国物流金融服务模式创新的一个重要方向。

三、"互联网+"背景下物流金融的新特点

（一）交易信息数据化

传统物流金融模式中，金融机构主要注重从融资企业资产状况、经营能力等方面进行风险防范，而对融资企业的相关往来数据关注较少。而通过对互联网上相关数据的分析，既能对融资企业质押物的市场价值做出客观预测，又有利于对可能出现的风险进行预防。

（二）质押物虚拟化

随着互联网技术的发展，电子现金、电子银行卡等虚拟化的货币已经悄然进入我们的生活。为顺应潮流，满足客户多元化需求，大部分实体企业也纷纷开启网店模式。与此同时，物流金融中质押物凭证、应收货款、应付货款等单据也将变成虚拟化、电子化形式。对物流企业来说，通过信息系统对质押物信息进行确认和监管，既节约了成本，也提高了安全性。

（三）服务平台多样化

在传统物流金融服务中，主要是以银行为核心进行相关服务活动，具有单一性特点。物流企业在物流金融活动中充当中介角色，然而由于其在运输、仓储、配送过程中积累了大量客户资源，因而更有利于其在上、下游业务的延伸，因此物流金融网络化有利于形成以物流企业为主导的物流金融服务平台。另外，在这种条件下，P2P网络借贷平台、第三方电子商务平台等也拥有极大的发展空间，最终形成服务平台多样化的新特点。

（四）服务内容定制化

"互联网+"时代背景下，出现了很多现代物流金融服务平台，其一般业

务都是通过物流金融服务平台满足中小企业贷款目的。深入研究则会发现，这种服务模式具有很大的雷同性，因此各平台之间的竞争也愈演愈烈。为了寻求解决这一问题的方法，为客户提供定制化服务成为新的突破口。目前，各行各业重视客户体验，为客户提供定制化服务的经营模式得到了深入发展。因此在互联网物流金融的创新模式中，服务内容定制化必然成为新特点。

四、"互联网＋物流金融"的创新模式

（一）主体多元化物流金融模式

由于互联网下信息的开放性，物流企业、电商企业、制造企业等均可以成为物流金融的主体，负责对中小融资企业的货物监管、与金融机构进行相关信息交流等业务，这就形成了主体多元化的物流金融模式。在该模式中，由于物流金融的主体越来越多，产生供应链效应也愈加强烈。主体间的相关性增强，在一定程度上加速了资金转化效率，这既促进了行业之间的合作及各自业务的延伸，又给实体经济的发展提供了契机

（二）虚拟质押模式

虚拟质押模式是指质押物的虚拟化，并非没有质押物，而是在物联网、大数据等技术下使质押物高度信息化。在传统的质押模式中，物流企业需要把质押物放入仓库进行实际监管，不仅浪费大量人力物力，还必须时刻关注质押物本身所带来的变化及市场风险。除此之外，对金融机构来说，融资企业重复质押的风险也不易察觉。而在虚拟质押模式中，通过把质押物与单据一一对应、运用物联网技术对动产实时监控，并把最终得到的有关质押物的信息上传到网络，使其信息化、数据化，从而降低质押物重复质押带来的风险。另外，对于质押物的质量问题，物流企业的随机抽查也起到双重保障的作用。

（三）供应链与物流金融的融合模式

供应链是指把供应商、制造商、物流业及渠道商进行有机结合，从战略层次上降低成本、提高服务水平。然而在实践中，供应链的整合仍具有很大难题。特别是对于海尔这类企业，虽然拥有大量经销商，但由于产品独有特性将会占有经销商大量资金。如果销售旺季来临，寻求银行融资以保障足够库存显得尤为重要。在这一模式中有两个基本前提：一是融资企业必须是核心企业的经销商，这样可以保障订单，即质押物的有效性。二是核心企业与金融机构之间有信用协议。核心企业必须是金融机构比较了解的企业，可以

保障当融资企业资金收不回时，核心企业具有担保连带责任，从而降低金融机构的风险。

五、"互联网+"背景下物流金融创新模式的风险防范

互联网物流金融虽然给融资企业、物流企业、金融机构等都带来了新的利润增长点，但由于其发展时间较短及外部环境不充分等原因，导致互联网物流金融在实践中存在各种各样的风险。为了使"互联网+"下物流金融健康发展，我们将对其可能出现的风险进行防范。

（一）完善业务风险控制体系

完善业务风险控制体系主要从以下几个方面进行：

① 建立大数据信息系统。信息不对称是造成我国物流金融风险的根本原因。而在"互联网+"的时代背景下，则有利于运用大数据、云计算等现代技术整合数据，可以对融资企业交易往来的数据及质押物的市场价值做出直观判断，从而降低物流金融风险。建立一个集物流、资金流、信息流为一体的现代物流金融服务平台，有利于金融机构找到理想的目标客户，最终使中小型企业得到更多的融资机会。因此建立大数据信息系统，是完善业务风险控制体系的关键一步。

② 建立客户信用档案制度。信用是确认合作关系的基础条件，因此对客户信用监管成为物流金融顺利开展的关键。特别是在"互联网+"时代背景下，具有合作环境网络化、合作对象陌生化、质押物虚拟化等特点，因此对客户信用要求也显得愈加重要。客户信用档案制度的建立，能帮助金融机构选取单方评价指标，从而预测融资企业的违约率。除此之外，通过对客户信用档案进行分类，有利于银行探索对客户的分类管理模型，为设计相应的企业信用分级制度提供了依据。

③ 建立完善的内控体系。建立完善的内控体系首先应该培养专业性互联网物流金融人才。目前我国对物流金融的研究已相对比较成熟，但在"互联网+"这一背景下的探索却寥寥无几，因此对此类人才的培养具有较强的战略意义。此外，建立完善的内控体系要求审慎选择合作客户。由于第三方监管企业对目标客户十分了解，因此除了调查融资企业的相关信息外，选择合适的物流企业也显得尤为重要。最后金融机构自身也应提高专业评价能力。金融机构对融资企业的经营能力、质押物信息等做出综合评定，是防范风险的最有效措施。

（二）建立物流金融业务合作机制

融资企业、物流企业及金融机构之间缺乏信任，成为阻碍物流金融迅速发展的关键因素。为了改变这一状况，可以从以下几个方面建立物流金融业务合作机制：

① 建立合同合作模式。"互联网+"背景下物流金融出现了新模式，这也要求各个参与者之间的合作关系长远稳定。特别是在供应链式的物流金融模式中，金融机构与核心企业的信用合作协议直接成为防范金融机构风险的决定因素。另外，物流企业与融资机构建立的合同关系，一方面有利于物流企业更全面地掌握融资企业的相关信息；另一方面，还在一定范围内实现了金融机构对物流企业的监管，防范了物流企业与融资企业合谋提供虚假信息的风险。

② 积极参与物流业务的合作模式。在互联网物流金融中，金融机构有两种参与物流企业业务的方式。一种是股份参与，即金融机构入股物流企业，以这种方式参与其中，有利于实现对物流金融供应链上物流、资金流、信息流的全程指导，最终实现有效监管的目的。另一种是金融机构自建监管中心，即把外部风险转化为内部风险的主动业务模式，有利于提高物流企业监管风险的可控性，最终降低金融机构的互联网物流金融风险。

（三）防范互联网带来的相关风险

互联网带来的风险大致分为两个方面：一是相关法律法规的不健全；二是网络本身的安全隐患。

① 推动相关法律法规出台。"互联网+"概念的提出在互联网物流金融中却取得了很大成就。然而在这一良好发展势头下，相关矛盾也纷纷增加，相关法律法规的缺失显得更加突出，因此国家必须颁布较全面、有权威的互联网物流金融制度。从宏观而言，推动相关法律法规出台，能够为我国互联网物流金融的发展提供制度保障。

② 提高网络安全意识。随着大数据、云计算、物联网等新技术的广泛应用，网络安全已经上升到国家战略高度。在互联网物流金融中，与之相关的所有信息都呈现网络化特点，一旦数据被攻击或者被修改，将会给整个互联网物流金融的参与者带来意想不到的损失，更甚者会造成威胁整个市场经济的后果。提高网络安全意识，既有利于维护个人利益，更有利于整个行业未来健康发展。"互联网+"背景下物流金融的发展，是传统物流金融发展的一个创新方向，对参与者的宏观整合性有着极大的促进作用。

第五章　互联网金融概述

第一节　互联网金融的产生与变革

一、"互联网＋金融"产生的背景

"互联网＋金融"就是通过提高金融效率，丰富金融生态，让越来越多的消费者享受更高效的金融服务。

李克强总理在 2015 年的《政府工作报告》中首次提出"互联网＋"行动计划，希望通过将移动互联网、物联网、大数据与现代制造业相结合，从而促进互联网金融、电子商务、工业互联网的健康稳定发展。

从凯文·凯利（Kevin Kelly）提出的"连接一切"到李克强总理的"互联网＋"行动计划，互联网与行业之间的对接已经上升了一个高度。"互联网＋"行动计划的愿景让人充满期待，但是如何把"互联网＋"做好，取决于对它的理解。

这里有 3 个问题值得我们思索：为什么中国的金融业需要被改变？为什么互联网技术可以改变金融？怎么理解"互联网＋金融"？

（一）中国金融业需要改变的原因

中国金融业过去一直是垄断性最强、准入门槛最高、政府管制最严的行业之一。作为政府管制的一种形式，金融管制使多元化的定价体系与成本收益比不相符，于是，银行都不约而同地选择了以间接融资为主的数量型扩张模式，建立完善的多层次市场还需较长的一段时间。然而，这种扩张模式难以继续下去。

金融供给的匮乏与高债务额、高货币发行量形成鲜明的对比，多数中小型企业融资服务、个人消费金融服务都不能得到满足，"融资难""融资贵"的现象已经司空见惯，而且在经济增长缓慢的时间段表现得更为突出。那么，投资者会不会因为融资贵而感到不开心？其实也不然。因为个人和小型企业提供的投资理财服务体系不健全,6亿中国农民大多数甚至连融资和理财为何物都不知道。

虽然金融市场化已经在全国如火如荼地展开,但到目前为止,中国金融业仍然存在着许多亟待解决的问题,如债务高、理财难、融资贵、融资难等。这些问题足以说明金融体系的资金配置效率低下。中国的人口数量和企业规模都很庞大,金融压抑为经济发展带来负面影响,金融业成为充满痛点的行业。

(二)互联网技术可以改变金融的原因

首先,我们要了解金融的本质,然后才能知道互联网技术为什么可以改变金融。

金融的功能人尽皆知,最古老、最基本的金融功能就是支付。金融机构通过匹配投融资为资金完成时间和空间的传导,在此过程中,可能会遇到流动性、金额、风险等方面的错配问题。而保险就是为了降低灾难带来的损失而产生的。

渠道、数据和技术是支撑金融底层的三大要素。

1.支撑金融底层的第一个要素——渠道

纵观金融发展史,我们发现金融被商业驱动又为商业服务。16世纪后半期,荷兰拥有全球最先进的航海技术,成为全球航海技术最发达的国家,那时,全球有一半的航海帆船都通过荷兰最大的城市——阿姆斯特丹港进入欧洲,当时,阿姆斯特丹是全球当之无愧的贸易中心。

有了贸易必然会有结算需求,再进一步就会有融资和贷款的需求,因此,就在阿姆斯特丹港口诞生了第一家现代银行,这方便了贸易买主和卖主的结算。

另外,由于阿姆斯特丹汇聚了全球的贸易,变得非常繁华,人们在咖啡馆里聚集,彼此交换信息,分享财富故事,从而刺激了更多贸易公司的成立;怀揣财富梦想的人聚集此地,打探各种信息,购买新成立贸易公司的股份、交易股份和债券,由此而产生了第一家交易债券所。17世纪,荷兰成为当之无愧的国际金融贸易中心。

事实上,金融机构、金融中心的兴起与商业的繁荣息息相关。18世纪,英国发动工业革命,从而带动国际贸易的发展,随之取代荷兰,成为世界金融中心。贩盐发端的货通天下使得山西票号汇通天下,由此成为中国从19世纪到20世纪初的金融之王。电商的兴起使得微信、支付宝从交易笔数来看,成为全球使用人数较多的移动支付工具。

事实告诉我们,金融机构的发展与渠道的触达能力紧密相关,即金融对商业场景的触达能力,对商业和消费引发的金融供给和需求的触达能力。

社会化大生产使得人们的分工越来越细，当集约化、规模化效率远远超过商业便利时，金融便开始从商业场景中慢慢退出。有些金融交易甚至与商业场景没有任何关系了，不过，还有很多方面保留着原来的习惯，如银行一般设在繁华的地段，金融中心一般设在贸易中心。

在传统金融体系中，商业银行算是距离商业场景最近的机构，它拥有转账、支付、结算、理财、贷款等功能，几乎统治了全国的金融业。但是，大部分银行服务只能通过银行柜台和系统完成，不能直接与商业场景连接。

互联网的出现使金融与商业在技术上空前紧密结合成为可能，为用户带去方便的同时，把成本也降至最低。用户再也不用去柜台办理业务，只要拥有智能手机，便可以随时随地进行支付、转账、查看股市行情、买卖证券等活动，就像随身带着银行和交易所一样，交易与场景的无缝对接，给用户带去了切实的便利。

互联网技术将原本分离的金融与商业、社交、消费等场景联系在一起。余额宝正是凭借消费支付和利息收入的无缝对接这一优势，在短短半年之内发展成为中国最大的基金，而它并没有使货币基金金融属性做出改变。现在正在流行的发红包，这种看似与金融不沾边的社交场景也有可能成为拓展支付工具的引爆点。这些由互联网技术带来的变化都有可能让传统的金融机构大吃一惊。

有人认为，互联网是中性的，只要金融的逻辑和本质保持不变，它就不会对金融做出深刻改变。这种说法看似合情合理，其实不然。就拿战争打比方，战争的目的就是打败对手，这个逻辑亘古不变，但是，自从人们掌握了互联网技术，兵器的触达技术发生了改变，战争从冷兵器时代进入热兵器时代，打仗的方式也就彻底改变了。互联网技术让战争的对手随时随地都可能出现在对面，这时，再空谈逻辑和本质就变得无力了。

互联网技术通过改变金融的渠道触达能力改变金融，这是第一个原因。金融是服务于商业和消费的，当金融的渠道触达能力发生改变，做金融的方式也随之改变，金融场景化变成了大趋势。

2. 支撑金融底层的第二个要素——数据

金融机构的核心竞争力，除去渠道触达能力，还包括定价、控制和风险甄别的能力，而信息或者说数据是这种能力的基础。

为了帮助读者理解数据对金融的重要性，我们从消费者信贷的发展史来看。在过去数百年中，人们主要的贷款方式就是典当和担保式信贷，投资者可以对借贷者一无所知，只要有足够的抵押或担保金额，信贷就可以进行。

时至今日，这种方式还在银行贷款中占据着主要的位置。而现在几乎人人都有的信用卡是无抵押、无担保的小贷，这在100年前是没有过的，它实际上颠覆了信贷模式。

那么，是什么环境促使金融创新的呢？

首先，中产阶级的财富不断增加，从而对消费信贷有了更大的需求。20世纪上半叶，通用电气公司（GE）和福特都通过分期付款来促进消费，随之而产生为授信机构提供信用信息的信用局。个人信用评分体系的发展也是为了满足消费者信用化标准和授信标准的需求。在此背景下，1956年，全世界最为普遍使用的个人征信评分模型（FICO）建立了，1958年，第一张银行信用卡发行。20世纪60年代后期，信用卡开始广泛普及，维萨卡（VISA）和万事达卡（Mastercard）等广泛发行。那时，计算机技术已经广泛应用于金融机构，因此数据搜集和处理的成本大大降低。

消费者的信贷基础是基于数据的个人征信。金融机构通过对数据的搜集、分析和判断实现风险甄别。而传统的金融机构依靠人工获取数据，获取速度慢，数据往往不能及时更新。另外，不同的金融机构，数据与数据之间几乎是彼此独立的，整合度低导致数据使用效率低，这样一来，金融产品和体系的可依赖度与透明度就低。

而在互联网时代，通过系统获取数据，并实现实时更新。数据数字化让机构间实现数据整合和分享变得易如反掌。数据的实时连接，提高了使用效率，增强了金融产品和体系的可依赖度与透明度。

互联网技术把我们引入一个数据时代，"信息"一词被"数据""大数据"取而代之。显然，当金融机构风险甄别的方式发生改变时，金融本身也随之发生了变化。蚂蚁小贷就是一个鲜明的例子。蚂蚁小贷为淘宝商户发放无抵押、无担保贷款累计超过3000亿元。淘宝卖家常常几秒钟内就可以申请到信贷支持并获得资金。

3. 支撑金融底层的第三个要素——技术

在传统银行人们完成一笔支付需要2元成本，电子银行需要2角多成本，而支付宝的支付成本只需要2分，未来还有可能低于1分。金融机构自建的封闭信息系统具有成本高、稳定性差、不易扩展等缺点。我们可以预知，在未来，大部分金融机构都会使用技术成本低、稳定性强、可以弹性扩展的云计算平台。

我们已经清晰地阐述了"互联网＋金融"的核心逻辑，这个逻辑适用于大部分行业。虽然不同行业性质不一样，但大部分行业的核心竞争力往往都是这 3 要素。互联网技术恰好是这 3 要素的革命动力，因此"互联网 +"行动可以大幅度提高行业的劳动生产率。行业痛点越多，提高的潜力就越大。

在过去的几十年，中国的发展其实是发达国家工业革命几百年进程的一个浓缩，不管是社会大生产方式，还是企业制度、市场交换机制，中国大多在模仿工业国家，很少有自己的一套模式。互联网技术革命是中国第一次与其他工业化国家几乎同时起步的一项技术革命。

这场革命为很多行业提供了捷径，那么，"互联网 +"又是如何运用互联网技术使传统行业完成从生产到经营的一场革命的呢？

（三）正确理解"互联网 + 金融"

"互联网 + 金融"从字面上看就是互联网和金融相结合。但是在组织形式上，表现为三种方式：第一种，互联网公司兼做金融；第二种，金融机构互联网化；第三种，互联网公司和金融机构合作。

实际上，无论是在中国还是在西方，互联网公司做金融的体量在金融总资产体量中都只占很小一部分。从逻辑上分析，尽管互联网技术带来了金融渠道、数据和技术上的革命，但这并不代表互联网公司在开发金融产品上具有绝对优势。事实上，金融机构的风险甄别能力和风控能力及多年来取得的客户信任度与信誉度，都是互联网技术短期内无法带来的。

那么，金融机构互联网化可以实现吗？

这里有 3 点可以说明金融机构互联网化为什么效率低下：

第一，金融机构的丰厚利润与金融行业的痛点并存。多年来，金融机构在垄断的保护下，很容易赚到钱，没有足够的动力将改善客户体验、满足客户需求这一行动进行到底。所以，仅仅依靠金融机构自身互联网化，效率肯定低下。

第二，互联网企业和商业场景、消费者紧密相连，金融服务不仅在渠道和数据上有优势，而且在商业生态圈中起着重要的调节作用。

第三，以客户为中心的互联网思维、灵动的组织架构、快捷的反应能力，这些都是互联网企业相对于传统金融机构所具有的优势。

（1）客户群体差异化

如果我们把金融消费者比作一个包含三个阶层的金字塔，上层是高端客户，包括大型企业和富裕个人；中间一层是中层客户，包含中小型企业和中产个人；底层是底层客户，包含小微企业和普通个人。越靠近底层，客户的数量就越多，单位资金量就越少，如果按照传统的服务方式，性价比也就越低。

据工业和信息化部和中国银行监督管理委员会的统计数据，中国将近

80%的就业机会是由99%的中小型企业提供的，有一半的国内生产总值也是这些中小型企业贡献的，但是他们得到的信贷只占1/4。所以，高端客户享受到了传统金融提供的个性化定制服务，中层客户享受到了标准化的产品和服务，而底层客户则没有得到相应的服务。

互联网金融在渠道触达、数据收集和分析、数据处理技术上具有成本优势，所以被传统金融企业忽视的"长尾企业"成为互联网企业的典型客户，即互联网金融能满足小微企业的资金需求，帮助小微企业构筑完善的金融运营模式。

余额宝把理财门槛从千元降低至1元，并且为客户提供了全面的、标准化的、碎片化服务，每天通过手机提醒消费者获得多少收益。普惠金融固然也可以为社会各阶层提供相应的金融服务，但要想把它做好，不仅有技术要求，还要投入一定成本。因此，互联网金融和传统金融机构在客户群体上是互补关系而不是取代关系。

（2）互联网和金融的优势差异化

互联网和金融各有优势，互联网公司在互联网方面有优势，而金融机构恰恰相反。从各自的优势出发，互联网公司可以延伸金融产品的前端渠道，成为金融产品的销售平台，还可以为金融机构提供技术支持，处理金融机构后端的数据，而金融机构负责定价、风控、甄别风险、开发金融产品。这就形成了"互联网＋"的合作方式。

蚂蚁金服就是以小微企业和普通消费者为主要用户，以数据、技术和服务为核心建立生态金融，为用户创造价值的。

在过去的几年里，P2P网络借贷、第三方支付、互联网理财和信贷等金融产品丰富了金融体系，这些金融产品在金融界起着巨大作用，推动了传统互联网思维的转型。但是传统企业仍然掌握着大型企业和高端客户的服务，尤其是繁杂的金融服务。

中国的金融业即将迎来金融市场化的洗礼，这既是机遇也是挑战。金融机构之间的竞争表现为产品、数据、技术、渠道等多方面的竞争，而互联网的加入，使各金融机构之间的竞争更加激烈。金融机构之间的差异化竞争随着金融管制和隐性担保的退出变得越来越激烈。支撑金融底层的3要素——渠道、数据和技术也显得更加重要。互联网金融推动了普惠金融，丰富了现有的金融体系，使金融机构实现了互联网化。

互联网企业和金融机构联合起来做金融，不仅提高了整个行业的生产率，而且丰富了金融生态，提高了消费者的金融福利。这就是"互联网＋金融"的魅力所在，我们期待它有一个美好前景。

二、互联网金融的跨界场景变革

金融以打破时间、地域限制，随时随地交易为特点，因此，只要涉及商品价值、交易方式等都属于金融交易的范围。既然金融以等价交换为核心，那么互联网金融的核心是什么，是互联网还是金融？

有人基于风险控制是金融的核心，认为互联网金融的核心就是金融。但是，如果风险控制的水平一致，那么金融一定还是互联网金融的核心吗？此外，互联网除了与金融相融合，还带来了什么？小米的创始人雷军说互联网思维就是"专注、极致、口碑、快"，除此之外，还有以下2点。

（一）时空的配置

运用互联网思维的企业将单一产业转为立体多元化产业。简单来说，挣1元钱，会有以下4种方式。

第一种方式：传统方式。进价1元，售价2元，赚取差价。

第二种方式：企业模式。在同一时间段内，以进价1元销售产品，但因为价格低，可以迅速卖出10份，这样可以使以后每个产品的进价降低0.1元，获利1元。在这个过程中，还可以延伸产业链，赚取增值价值。这种模式以沃尔玛、苏宁、国美、京东等为代表。

第三种方式：商业模式。同样是在同一时间内，售价与进价相同，卖出10份，但不同的是，不是获得1元的利润，而是获得10个用户，并在延伸产业链的过程中赚取1元的利润。这种模式以乐视、小米为代表。

第四种方式：补贴模式。产品的成本是1元，然后再补贴给用户1元，从而吸引大量用户。这种模式表面上看是亏损的，但实质上前9个人虽然补贴了1元，但第10个人就可以赚20元甚至更多，或者类似于企业模式和商业模式，在延伸产业链上盈利。这种模式以滴滴打车、快的打车为代表。

随着移动互联网的发展，时间和空间的限制被打破，金融资产的盈利渠道变得多元化。原本18%的年化收益率在分成3%、6%、6%、3% 4个维度后，就能够拓宽获取利润的渠道。因此，存款10%、贷款6%也成为可能，这在很大程度上降低了企业和个人的资本风险。

（二）互联网技术变革

"移动互联网＋大数据＋云计算"问鼎金融业，为金融业的发展提供了指纹识别技术、人脸识别技术、定位技术、物联网技术、语音识别技术等支持。此外，互联网技术简化了金融的程序，使企业投资、个人借贷变得更方便快捷，并且可以自由选择额度，发挥资源的最大潜能。

凯文·凯利的《失控：机器、社会与经济的新生物学》一书提及如今盛行的概念：云计算、物联网、虚拟现实、协作、双赢、共生、共同进化等。其主要思想就是当数量众多的个体聚集到一起时，量变将转化为质变，产生巨大的效益。

例如，一条鱼在海中丝毫不起眼，但一个鱼群就可以引起关注，当这个鱼群不断变大，并始终保持一定的队形和方向，就会形成巨大的能量。在鱼群迅速扩大的同时，存在的问题也会迎刃而解。

目前，一部分企业正在借助互联网的平台优势积极追求变革，以期发展成一个"庞大的鱼群"。如果大部分企业的风控都在标准水平以上，那么剩下的一小部分企业将会被市场淘汰。企业将坏账率保持在2% ~ 5%，就能够在市场竞争中取胜，但是在这一范围内，企业的收益也会有差异。坏账率影响一个企业的收入甚至生存，金融领域坏账率的重要性堪比电商领域的利润，亚马逊、脸书（Facebook）就十分重视当期利润。

坏账率之所以影响企业的发展，是因为坏账率越高意味着企业损失的资金就越多。一个企业，尤其是金融属性的企业最重要的就是资金的流动性，而坏账会致使企业的流动资金不足，主要表现在两方面：一是无法实现刚性兑付，二是在非刚性兑付方面，投资人看到所投资的企业坏账率过高，为确保资本安全会先行撤资。

如果坏账率低，投资者就会继续投资，最终由量变达到质变。例如，一个人做信贷，6%的坏账率是其盈利点，但是当无法实现刚性兑付时，坏账率会达到20%，甚至40%。在无法使坏账率降到6%的情况下，信贷人会小范围进行金融欺诈，让客户认为坏账率依旧是6%，保持刚性兑付，等待量变过渡到质变，实现超额盈利。

但是有效控制金融欺诈还必须具备以下4个前提。

第一，是保持资金的流动性。隐瞒过高的坏账率，需要客户保持对信贷机构的信任，让他们觉得自己的资金安全有保障，但是小的信贷机构还需要谨慎决策。

第二，是风控足够强大。通常，我们会走进一个误区，认为坏账率高就意味着风控水平差。其实坏账率和风控水平之间没有必然的联系，而是与企业的信贷政策、产品设计关系密切。

第三，是内部计算能力强大，能够精准预测风险。

第四，是产品设计能力强。

互联网的发展为各行各业提供了平台，实现了企业间的去中介化。金融借助互联网的优势发展，颠覆了传统的银行理念，是否也会颠覆自身？

目前，人们存在两种观点：一种观点是相信未来互联网金融会失去市场，科技将成为金融的重要组成部分。除此之外，金融还包括互联网、大数据、云计算。另一种观点则是担忧随着互联网带来的诸多便利，实现了资源有效配置和信息共享，在未来，金融将渗透到人们的生活中。

"互联网＋金融"模式何时会遇到"黑天鹅"？这些"黑天鹅"又将给互联网金融带来什么影响？通常来说，传统金融的经营模式比较单一，无法向场景化转型，而互联网金融则可以实现产业的立体多元化，将金融与商业的场景合二为一。在这种情况下，互联网金融又会有怎样的发展？

能对互联网金融发展起协同效应的场景通常具备两个特征：第一，有现金流（应收账款、应付账款）、时间和网络属性的场景；第二，在风险定价上，有信息流场景，可以有效分析数据，共享信息，降低投资的风险。而支付场景、消费场景、社交场景、游戏场景、生产场景等就具备这两个特性。

在未来，互联网金融将成功实现跨界场景化，与各行各业相互融合，产生巨大的经济效益和社会效益，同时又将渗透到人们的生活当中，为人们带来便捷舒适的服务。

第二节　互联网金融对传统行业的影响

自从互联网面世以来，它就潜移默化地改变着我们的生活。在互联网涉及我们生活方方面面的今天，互联网思维成为现代人挂在嘴边的利器，一些完全不同于以往的模式与思维从互联网脱颖而出，随时随地颠覆着我们的认知。

尤其是在金融领域，互联网仿佛一夜之间便在此扎根，互联网金融成为金融业的一匹黑马。如今，互联网金融已经吹响了号角，发起了冲锋，深受影响的传统行业要如何应战呢？

一、战方：传统支付业

战况：移动支付爆发性发展，传统支付业几乎溃不成军。改革开放以来，市场经济繁荣发展，凭票供应成为历史，现金开始了其一统交易市场的时代。然而，随着金融业的不断发展，销售终端（POS）交易渐渐蚕食了交易市场的大半江山，银行与银联的时代随之来临。

所谓"江山代有才人出"，支付业也是如此。随着电子商务的蓬勃发展，第三方支付应运而生，2000年出现了第三方支付机构。此后，便一发不可收拾。

进入21世纪以来，伴随着电子商务的发展，淘宝网在2003年推出了支付宝服务，随后，支付宝从淘宝网分拆独立，逐渐发展为国内最大的第三方支付平台，线上交易发展欣欣向荣。2011 年，中央银行为支付宝、财付通等企业颁发了第三方支付牌照，自此第三方支付机构的发展不再局限于线上，开始向线下收单市场进军。

2014 年，"双十一"购物狂欢节不仅再一次刷新了单日线上交易金额，还使支付宝大规模进军线下收单市场首战告捷。此外，腾讯、百度等互联网巨头也开始表露出向移动支付发力的意向。随着传统互联网向移动互联网过渡，移动支付渐成主流。目前，使用移动支付的用户增长迅速。

点评：支付业发展到今天，已经进入了互联网支付时代，移动支付凭借其大数据的增值业务稳居支付市场头把交椅，原有格局被冲击得支离破碎。随着信息技术日新月异的进展，互联网金融涉及的领域不断蔓延，在冲锋号角之下，传统支付行业的应战仿佛还未开始就已落败。

二、战方：银行业

战况：互联网金融步步紧逼，银行业被迫转型。

近年来，互联网及信息通信技术发展迅猛，在此基础上，互联网金融得到进一步发展。

2013 年 6 月 13 日，支付宝推出了针对个人用户的余额增值服务，即大家所熟悉的余额宝。将钱转入余额宝账户，实质上就是购买了天弘基金提供的增利宝货币基金，从而获得收益。与传统的货币基金不同的是，余额宝账户里的资金可以随时提取、支付，灵活性较强。余额宝自推出以来，深受广大用户的欢迎。

而京东、苏宁、百度、新浪也不甘落后，随后推出了"小金库""零钱宝""百赚""微财富"等理财产品，互联网金融已然剑指银行存款。然而，互联网金融的进攻远不止此。

阿里巴巴早在 2014 年 9 月 29 日就已经获得了中国银行保险监督管理委员会的批准，但却在 2015 年 6 月 25 日才正式开业。如果说这仅仅是溅起了一朵小水花，那么李克强总理到访微众银行就是掀起了巨浪，互联网银行尚未营业便已获得大众瞩目。而随着总理对回车键的敲击，足不出户的卡车司机就拿到了 3.5 万元的贷款，互联网金融对银行的攻势进一步加强。

点评：传统银行自成立以来，风风雨雨经历了 400 多年，其丰厚的历史底蕴是巨大优势，一时间绝无被替代的可能。然而，互联网金融尽管是新生事物，但凭借不断的创新发展已经为传统银行带来了挑战与变数。银行利润增速的下降、运作模式的落伍，成为传统银行的发展瓶颈，银行业唯有以互联网思维武装自己，加速转型升级，才能在互联网金融的步步紧逼之下赢得喘息之机。

三、应战方：基金业

战况：余额宝掀起理财旋风，基金业积极参与纷纷押注。

余额宝的横空出世，不仅引发了一系列"宝宝"的出生热，还将天弘基金一举推上了国内基金公司的顶峰，全民理财热情就此点燃。

作为证券投资机构，基金公司有着很强的专业性，过去参与其中者虽不在少数，但却并未在普通大众中普及，直到互联网金融渗透之后，余额宝等增值业务才使全民理财成为现实。随着这股热潮的盛行，诸多互联网企业纷纷前来抢滩，力求分食这一"大蛋糕"，尤其是各基金公司，更是争先推出各种式样的理财产品。

点评：各种"宝宝"的崛起，既开启了全民理财的时代，又拉开了互联网理财的序幕，传统基金公司面临着全新的机遇。对此，基金公司仅仅是积极参与还远远不够，还需要在低成本、高效率等方面革新，从而提升自身的核心竞争力，如团队投资管理能力及理财产品开发能力的提升，这样才能通过互联网所带来的多元渠道完善自身，在纷杂的基金市场上脱颖而出，形成品牌效应。

四、战方：小贷业

战况：P2P 网络借贷打破区域限制，小贷业面临新的挑战。

在我国微型金融体系中，小贷业一直是十分重要的一个组成部分，行业内的小额贷款企业是不吸取公众存款、经营小额贷款业务的有限责任公司或股份有限公司，它比银行更便捷，比民间借贷更规范。尽管自兴起便面临着融资难的问题，但小额贷款企业仍然在期盼中前行。

如今，我们迎来了互联网金融的浪潮，P2P 网络借贷凭借其快捷便利的优势自兴起便呈现出迅猛的发展态势。所谓 P2P 网络借贷，是一种新的金融模式，也是金融服务未来的发展趋势，它为中小企业的融资提供了新方式，但也使小贷业的处境更为艰难。

点评：传统的小贷业区域限制较为明显，区域间的竞争比较激烈，而互联网金融的出现显然打破了这一局面，使得用户没有了地域限制，贷款者与投资者之间能够通过网络借贷平台更好地对接。对此，小额贷款企业必须具备互联网思维，才能找到出路，如寻求与 P2P 模式的合作，实现小额贷款互联网化等。

五、战方：保险业

战况：保险业主动出击互联网保险，产品自我更迭。

作为朝阳产业，保险业在中国经历了 30 多年的高速增长，虽然所取得的成就不容小觑，为国家的发展做出重大贡献，但是与发达国家相比还存在一定的差距。在互联网金融的大潮中，保险业并未像其他行业那样被动等待，而是主动出击，联合互联网巨头一起进行了"互联网 + 保险"的探索。

2013 年 11 月，中国平安联手阿里巴巴、腾讯推出了国内首家互联网保险企业——众安在线财产保险股份有限公司，所有的险种销售和理赔服务都通过互联网来实现。自该公司成立以来，先后推出了多种保险产品，首款产品"众乐宝"将受众瞄向了淘宝商户。其他保险公司自然也不甘示弱，陆续推出自己的互联网保险产品。一时间，互联网保险的各种产品令人眼花缭乱、目不暇接。

点评：在保险业的经营理论中，"大数定律"是极其重要的，因为它与保险经营的稳定性息息相关，还关系补偿或给付的实现程度。所以，采集数据是一项极为重要的工作。如今，大数据需要依靠云计算技术来进行存储与计算，而云计算技术又离不开互联网，所以互联网保险就应运而生了。而保险业本身也有着天然的优势，不需要像其他行业那样经过生产、仓储、运输等环节，只要用户有意向、有需求便可以立即生成保单。如此一来，保险业正好可以借互联网金融发展之势来完善自身。

六、战方：证券业

战况：证券业借道网络谋求发展，中小券商差异化竞争。

近年来我国证券市场的规模不断扩大，活跃度也在不断提高，无论是股票、债券，还是衍生品，成交额都在逐年上升。尽管我国的证券业仍处于发展阶段，但多层次的资本市场已经初步建立并在不断进行自我完善。而在互联网金融异军突起的今天，证券业也亟须与互联网拥抱。

互联网企业大多对证券业有着积极的参与热情，国家对此也给予了支持与引导，并鼓励证券业积极探索互联网证券。2014 年 2 月 20 日，腾讯率先牵手国金证券推出了"佣金宝"，这是首支互联网证券金融产品，投资者只需在腾讯股票频道在线开户，便可享受 2/10 000 的交易佣金及账户保证金余额理财服务，还能够享受到持续的增值服务。此外，其他互联网巨头也纷纷"下海"，联手各大证券公司推出了自己的互联网证券金融业务。

点评：作为互联网思维的进一步实践成果，"互联网 +"这股劲风越来越有力，在"互联网＋资本"领域里，互联网与证券业碰撞出了全新的火花，互联网大数据为证券业提供客户，使客户获取模式多元化，而券商互联网化也为中小券商提供了差异化的竞争路线。

七、战方：零售业

战况：消费由线下转至线上，零售业备受冲击。

作为与百姓生活息息相关的产业，零售业自改革开放以来就飞速发展，已经步入了成熟期。如同世间万物一样，有成长就会有衰退，如今的传统零售业就面临着衰退，再加上电商的冲击，传统零售业亟须创新与变革。而在这个万物互联的时代里，传统零售商应以互联网思维武装自己，从而探索数字化转型之路。

而一贯顺应时势的互联网企业这一次将手伸到了传统零售业。2014 年 2 月 13 日，京东商城上线了"京东白条"个人消费贷款服务，用户在使用前需进行信用评估，通过后可以凭信用先消费后付款，最高信用额度达 1.5 万元。

而紧随其后的蚂蚁金服则在 2014 年 12 月推出了花呗，同样先消费后付款。其实，这两者的本质就是赊账，在传统的零售市场，赊购行为几乎是不可能实现的，而在互联网金融时代，基于大数据分析基础之上，赊账就有了无限的可能性。

点评：电子商务的出现极大地冲击了传统零售业，如今赊账服务的推出又给了传统零售业重重的一击，消费者的消费行为将更多地由线下转至线上。在互联网金融的浪潮中，消费金融在国内有很大的发展空间，电商巨头正严阵以待，赊账服务用户数量与规模将不断发展壮大，而一旦此服务转移到线下，传统零售业的前景将极为惨淡。

八、战方：影视业

战况：借力粉丝经济，影视业试水众筹。

影视业是文化产业中不可或缺的组成部分，所带动的经济发展是极为迅猛的。以电影为例，从策划生产到宣传发行、院线放映，再到电影周边产品的开发形成了一个完整的电影产业链，所带来的经济效益是十分惊人的。

近年来，国内的影视市场规模持续高速扩展，在这样的态势下，互联网金融是如何分得一杯羹的呢？

2014 年 3 月，阿里巴巴领先推出了"娱乐宝"，用户出资便可投资影视作品，100 元起步，年化收益率为 7%，《小时代 4》《狼图腾》等热门电影都在其中。9 月，百度的"百发有戏"平台以"众筹消费＋金融"的定位出现在人们视线之中，投资了《黄金时代》。而同年年底上映的电影《十万个冷笑话》则成为真正的首部众筹电影，凭借庞大的观众基础成为票房黑马。

点评：互联网金融以众筹的方式杀入影视业，无疑给电影提供了一条新的宣传渠道，在降低风险的同时也筹集了资金，这对于小众电影和新人导演来说无疑是非常有利的。但是，此种形式需要把握好一个"度"，否则过犹不及。

九、应战方：房地产业

战况：营销新活力，跨界新姿态。

在过去的十几年里，我国经济呈高速增长之势，加之城市化进程加快，住房建筑面积逐年递增，规模也不断扩大，房地产业取得了巨大的成就，为中国经济增长做出了巨大贡献。然而，近年来房价越来越高，国家对此实行宏观调控，采取了紧缩政策，房地产业陷入低迷状态。与此同时，风头正劲的互联网金融开始向房地产业蔓延。

互联网金融与房地产之间的牵手成果依然是各种互联网金融产品，如搜房网的"天下贷"，它解决的是购房者的难题和需求，将购房的门槛一降再降；平安好房的"好房宝"，则可以使用户买到更好折扣的房子；搜狐焦点的"首付贷"，可以给予买房人首付款等。

点评：目前，与房地产有关的互联网金融产品纷至沓来，也确实为低迷的楼市注入了新的活力，但就本质而言是治标不治本，只是依靠刺激房产消费来回笼部分资金而已。另外，需要注意的是，房地产投资带有一定的投机性，即便是线下风险也是很大的，转移至互联网将更加无法得到保障。

十、应对方：通信业

战况：排兵布阵，服务增值。

摩尔定律、吉尔德定律及麦特卡尔夫定律揭示了信息技术的特点就是进步神速，较短的更新周期。于是，依托信息技术发展起来的通信业的更新周期也缩短了，并不断的升级换代。基于此，互联网与通信业仿佛是天然的同盟，这也就不难解释移动、电信、联通何以同时进军互联网金融了。

中国电信联合民生银行推出了账户余额理财服务——添益宝，正式宣告进军互联网金融；中国联通紧随其后与安信基金推出了"话费宝"，并与招商银行达成战略合作关系，共同筹建了招联消费金融有限公司，对互联网金融的尝试更为深入；中国移动则携手汇添富推出了"和聚宝"，至此，三大运营商又在互联网金融领域重聚，并展开新一轮的"厮杀"。

点评：如今，诸多企业蠢蠢欲动，纷纷入局互联网金融。对于三大运营商来说，他们汇聚的庞大用户群体是不可忽视的优势，仅起步就高出其他企业一截，市场前景不可限量。

在互联网金融的冲击下，传统行业或是被动参与或是主动出击，但无疑都受其影响，有的甚至发生了颠覆性的改变。然而，这仅仅是一个开始。

第三节　互联网金融的内涵及发展意义

一、互联网金融的内涵

互联网金融从字面来看，就是互联网与金融业的结合，因此，要准确把握互联网金融实质，还得先了解互联网的精神内涵。

自20世纪互联网技术在美国诞生以来，以互联网为核心基础的信息技术已完全改变了人类社会，人们生活因互联网而变化。互联网尤其是移动互联网的迅猛发展彻底改变了人们的生活，特别是互联网向传统行业的渗透正在加快，并催生了许多新的产业、新的机会、新的业务和新的模式，如电子商务、互联网教育、远程医疗、打车软件等。互联网金融就是互联网向金融行业渗透的一个生动体现，且表现出旺盛的市场需求。如今，互联网金融正成为时下最时髦、最火爆的市场热点。阿里金融更是来势汹汹，似乎真有马云所言的"银行不革命，那就革银行的命"的态势，从余额宝吸金到资产证券化试水，均不断刺痛传统金融业的神经，互联网金融的迅猛发展为金融业的创新发展注入了强大的动力。

互联网金融与金融互联网有着本质区别，具体体现在以下几个方面。

第一，从本质内涵来看，两者区别较大。互联网金融的本质就是充分利用互联网技术对金融业务进行深刻变革后产生的一种新兴的金融业态，是互联网与金融的融合，是对传统金融模式的一种颠覆，是互联网精神向传统金融业态的渗透，对人类金融模式将产生根本影响。从广义上讲，具备互联网精神的金融业态统称为互联网金融。而金融互联网是传统金融企业使用互联网工具拓展金融业务，只是将互联网作为金融发展的工具和渠道，是线下向线上的延伸，不是真正意义上的互联网金融。

第二，从互联网金融主要特征来看，差异明显。互联网金融与金融互联网最大的不同之处在于互联网的属性。互联网金融完全互联网化，这是对传统金融高大上的一种颠覆。金融互联网仍带有传统金融企业的色彩，并不是真正意义上的互联网金融，主要原因是传统金融企业是利用传统金融的思维模式而不是互联网思维做金融，只不过将互联网工具作为一种渠道，以这样的思维模式拓展互联网金融市场难有更大作为。其实，我国传统银行业较早地进入了互联网，并推出网银、手机银行、移动支付、远程理财等产品，但发展表现平平，难以与爆炸式增长的互联网金融相媲美。因为传统金融只是利用互联网工具，在网上开展相关金融业务，没有从根本上进行变革。简单地将金融向互联网延伸不是模式创新，还会使传统金融失去互联网金融大发展的重要机遇。

第三，从优势比较来看，互联网金融在小微金融、大数据等方面优势凸显。与传统金融相比，互联网金融市场份额还很小，生长点主要在"小微"层面，具有"海量交易笔数，小微单笔金额"的长尾特征，这种小额、快捷、便利的特征，具有普惠金融的特点和促进包容性增长的功能，在小微金融领域具有突出的优势，并在一定程度上填补了传统金融覆盖面的空白。互联网金融具有互联网优势，可以利用互联网大数据优势，进行客户分析、数据挖掘和研究，能根据客户需求推出差异化产品和服务，满足大众客户长尾需求，并做到金融服务的互联网化、精确化、多元化。互联网金融还可以利用平台和大数据优势，建立信用和风险控制系统，有效降低运营管理成本和经营风险。

在传统金融里，由于信息不对称，诞生了许多金融中介，主要有两类：一类是商业银行，目前商业银行80%以上的利润来自利差收入；另一类是股票和债券市场，如证券交易所、基金公司等。传统金融业对资源优化配置和经济增长具有重要作用。金融业具有贵族的血统，并且攫取了其他行业难以企及的利润。随着互联网的快速发展，在互联网金融里，是以用户为中心，互联网金融最大的特点就是信息对称，这将使互联网"去金融中介化"，也就是说将来以银行为代表的金融中介将不再具有贵族血统了，充其量它们只是个牌照，一个管道罢了。

第四，从服务模式来看，互联网金融是一种模式创新。以互联网为代表的现代信息技术的飞速发展，特别是移动互联网、移动支付、社交网络、搜索引擎、云计算、大数据等的蓬勃发展，将对金融模式产生革命性影响。互联网金融就是在这一形势下出现的一种新的金融服务模式。目前关于互联网金融没有一个统一的定义，但毫无疑问，互联网金融并不是简单地把金融产品、金融业务改头换面，也不是加上"互联网"3个字就叫互联网金融。有人认为，只要是互联网与金融的结合，都可称为互联网金融；也有人认为，互联网金融主要是指依托互联网产生的新型金融业务模式；还有人认为，互联网企业进入了金融领域，才是互联网金融。互联网金融应该是建立在互联网与大数据之上，通过构建平台金融模式，利用新型的风险管控方式，从事资金与风险管理的服务模式。互联网金融最根本的生命力在于可以改变金融业的融资模式与中介模式，用互联网思维来做金融。

第五，从发展趋势来看，互联网金融市场前景广阔。正因为互联网金融具有普惠性、开放性、速度快、效率高等特点。互联网金融是互联网精神、思想、方法、工具在金融领域的延伸与应用，它使人人金融、金融为人人成为可能。从发展趋势看，随着移动互联网、云计算、大数据、社交网络的快速发展和广泛应用及政府有效监管的进一步加强，互联网金融必将发展得更好，未来互联网金融向移动互联网转变是大势所趋。同时，金融互联网必将在互联网金融迅猛发展的环境下带动传统金融企业向互联网金融转型，金融互联网向互联网金融转变成为必然，否则，传统金融企业将面临被颠覆的可能。

关于金融互联网与互联网金融的区别，阿里巴巴集团董事局主席马云曾表示：未来的金融有两大机会，第一个是金融互联网，金融行业走向互联网；第二个是互联网金融，纯粹的外行领导，其实很多行业的创新都是外行进来才引发的。金融行业也需要搅局者，更需要那些外行的人进来进行变革。

互联网金融为互联网而生。当前，互联网金融呈现爆炸式增长，新兴互联网金融是对传统金融模式的一种颠覆，对传统银行业发展冲击较大，未来互联网金融对传统银行的颠覆必然发生，但颠覆是一个漫长的过程。短期来看，传统金融与新兴互联网金融共生共荣，两者并非相互排斥、非此即彼，而是相互促进、共同发展，既有竞争，又有合作，两者都是我国多层次金融体系的有机组成部分。互联网金融发展的一个重要的现实意义在于通过"鲶鱼效应"推动传统金融的改革创新和转型发展。如今，在移动互联网浪潮中，传统金融企业如果不主动拥抱互联网，肯定会如恐龙般灭绝。

二、互联网金融发展的现实意义

要改变中国垄断行业的格局非常艰难，而金融又是所有行业中最具垄断性的代表之一。金融的垄断如果不打破，中国经济的转型不可能成功。

互联网金融迅猛发展给经济社会发展和人们工作生活带来诸多益处。例如，互联网融资模式使资金供需双方能够直接交易，简化其他金融服务模式必需的中间环节，大幅度减少交易成本；作为新型金融服务模式，让中小型企业融资、民间借贷、个人投资渠道等问题变得容易解决；可以同时进行双方或多方的各种金融产品交易，供需方均有公平的机会，效率非常高；正在成为解决中小微型企业融资问题的有效方式，并让普通老百姓通过互联网就可以进行各种金融交易，便捷交易带来的巨大效益更有社会普遍意义。

互联网支付发展到今天，已经从一个简单的工具走向行业的应用，最后推动整个金融领域发生改变，让生活得到更好的体验。互联网金融对整个金融领域的最大贡献是给传统的垄断带来恐惧，如果不改变现状，它们就会没落。所以，互联网金融的深层意义不在于它是一个工具，而是它打破了垄断，为经济发展和人们工作生活带来新的生机。

①有利于破解小微企业融资难问题。互联网金融类企业利用数据分析优势，可以帮助优质小微企业破解融资困境。

②有利于加强影子银行监管。目前中国影子银行的规模为 15 万~30 万亿元。影子银行的最大风险主要来源于信息不对称，巨大的影子银行规模由于监管缺失给中国金融系统带来了潜在风险。互联网金融的本质就是利用互联网来减少信息不对称，降低金融资产的风险。同时，互联网金融将线下民间金融资产转移到线上操作，有利于相关监管部门准确掌握互联网金融即时数据，能有效促进民间金融的阳光化、便利化，同时互联网金融的快速发展将加速我国利率市场化进程。

③倒逼传统金融机构及监管部门改革。信息技术的发展及互联网的广泛普及，使更多的企业有能力进入金融领域。很多电子商务企业及互联网公司不断推出创新金融产品，改变了银行独占资金市场的格局，改变了银行传统信贷单一供给格局，打破了传统金融机构间的竞争壁垒。互联网金融的繁荣正倒逼金融机构加快改革，如利率市场化进程加快、放宽民营资本进入金融领域等。金融领域创新加速，不断涌现新的金融产品、服务模式及商业模式，也要求金融监管部门创新金融监管手段与模式，防范新的金融风险。

④不断丰富金融的新业态、新服务与新模式。随着信息技术与金融的不断深入融合，互联网金融加速创新，从最初的网上银行、第三方支付，到最近的手机银行、移动支付，无不体现了金融与互联网的创新应用。此外，民间借贷也开始合法化、线上各类融资平台不断涌现，"智慧金融"也由概念开始走向市场。目前很多基金公司、保险公司也开始尝试通过电商网销、社交网络，甚至是微信平台等推广自己的品牌或是销售产品，基于社交网络的金融产品与服务也不断涌现。

⑤有利于吸引广大民众参与金融。由于专业壁垒，民众参与金融的进程一直比较缓慢。互联网金融加快了金融产品模块化和标准化进程，同时也拓宽了金融市场参与的主体范围，市场参与者更为大众化。企业家、普通百姓都可以通过互联网进行各种金融交易，风险定价、期限匹配等复杂交易都会大大简化、易于操作。互联网金融也正在改变传统金融产品由少数精英控制的模式，转而向由更多网民参与共同决定金融产品的模式发展，从而使金融

产品能更好地满足市场需求。

在当前我国加快金融改革创新的大背景下，互联网金融俨然成为全民热点话题：余额宝、众筹、团购理财、P2P网络借贷、电商金融，互联网金融的创新以人们意想不到的速度在进行、在革新，而传统金融机构也主动拥抱互联网，并加快布局，从而使整个行业焕发新的活力。互联网的元素使金融操作更为灵活，工具进一步丰富，社会的金融投资消费理念被不断刷新，互联网金融的内涵在不断延伸，并重新定义了互联网时代的金融，这无疑具有革命性意义，而且互联网金融的发展和创新为经济社会发展注入了新的活力。互联网金融的出现是国家鼓励金融创新的必然结果，是适应互联网时代金融创新的客观要求，是满足不断增长的小微金融服务需求的内在要求。

第六章　互联网金融平台模式的发展探索

第一节　互联网金融平台模式的本质及特征

一、互联网金融平台模式的本质是平台经济

互联网金融与传统金融的本质区别不仅在于金融业务所采用的媒介不同，更重要在于通过互联网、移动互联网等工具，依靠其长年积累的大数据，使得互联网金融具备信息透明度更强、协作性更好、中间成本更低、操作更便捷等特征。随着互联网和大数据的发展，互联网金融企业的崛起对传统金融业的多个领域会形成冲击，并会向金融业的核心领域拓展。

互联网金融是互联网与金融业的融合，其具有典型的互联网经济特征，互联网金融最大的特征就是平台经济，阿里巴巴、腾讯、百度、奇虎360、唱吧、淘宝、我买网、大众点评、携程等众多互联网公司都是因为平台经济而取得巨大成功的。风靡全球的苹果公司成功的一大因素便在于搭建了一个商业平台——App Store，让开发者直接将应用发布给最终客户，收益由开发者和苹果共同分成。

互联网金融企业通过构建互联网金融平台为客户提供多元化、个性化的金融产品与服务，是互联网金融企业的核心竞争力。因此，互联网金融模式创新的本质就是要遵循平台经济规律，打造互联网金融平台，只有互联网金融平台成功了，互联网金融才能发展得更好。互联网公司凭借自己的平台优势进军金融业，如阿里巴巴凭借其打造的电子商务帝国进入金融业的阿里金融，取得巨大的成功，给传统银行带来了一定程度的冲击。

互联网金融的本质是打造平台模式，这里从构建平台模式的基本条件入手进行分析。从形式上看，超市就是一种交易平台，各种商品和顾客在这里集中交易，而超市提供场地、环境、收银、促销等各种服务。股票交易市场同样是一种平台，无数买家和卖家在这里对接，而交易市场则提供信息服务和交易服务。

平台模式要健康运营，取得成功，应具备以下6个必要条件：①平台模式具有开放性特征，也就是对合作伙伴开放，合作伙伴越多，平台模式就越有价值，如淘宝网、亚马逊等。②平台模式具有双边市场和网络外部性特征。③市场中有大量（潜在）买家和卖家需要对接，也就是说平台模式要具有聚合力。④平台模式企业至少具有一项对于行业来讲是稀缺的且具有核心竞争力的资源，如资金、品牌、关键技术、渠道及核心应用，该类公司有新浪的微博、奇虎360的安全卫士、阿里巴巴的电子商务、腾讯的微信和QQ等。⑤平台模式企业与其合作伙伴没有直接的竞争关系，二者具有不同的赢利模式和市场目标。⑥平台模式企业通过打造开放平台、扶持合作伙伴等策略，能为合作伙伴和第三方开发者带来利益，从而实现多方共赢。

从目前互联网金融第三方支付、P2P网络借贷、阿里金融、众筹等诸多模式来看，对照上述6个条件，毫无疑问，这些互联网金融模式本质上都是在打造平台模式。在互联网尤其是移动互联网向传统金融等行业渗透越来越快的形势下，平台经济是未来发展的必然方向。

在网络效应下，平台模式往往出现规模收益递增现象，强者可以掌控全局，赢者通吃，而弱者只能瓜分残羹。互联网金融市场的竞争本质上就是平台的竞争，谁拥有强大的平台，谁就能在互联网金融市场上发展壮大。随着互联网金融平台经济的发展，那些遵循平台经济规律、做大平台流量、打造良好生态系统的互联网金融公司将是最终的胜利者，也必将诞生互联网金融的"大佬"。

为什么平台模式受到互联网金融企业的热捧呢？我们认为主要有以下3点原因：①平台模式处于产业链高端，最有竞争力。平台模式的成功就是企业的成功，平台模式的成功，不但收益丰厚、掌握主动权，在竞争中也处于较为有利的地位，往往能在市场起到引领作用。②平台模式是商业模式中最好的模式。因为平台模式是一种共生共荣的模式，也是一种生态模式，还是一种规模越大平台价值越大的模式。③平台模式是一种开放模式，顺应互联网开放、协作和分享的核心价值理念。在互联网迅猛发展的今天，唯有开放才能走得长远，唯有开放才能使平台更有价值。

二、互联网金融平台模式的主要特征

互联网金融是依托于支付、云计算、社交网络及搜索引擎等互联网工具而产生的一种新兴金融模式，主要包括第三方支付平台模式、P2P网络信贷模式、基于大数据的金融服务平台模式、众筹模式、网络保险模式、金融理财产品网络销售模式等。

近年来，互联网金融发展较有影响力的就是以阿里金融为代表的互联网金融模式，其具有典型的平台模式特征。这一互联网金融模式并没有排斥传统金融模式，而是包容了传统金融模式，其可以复制和覆盖传统金融的业务模式，但传统金融却很难复制和覆盖其业务模式。互联网金融平台模式具有以下几个特征：

① 实现了物流、信息流和资金流"三流"的高度统一，具有海量的客户基础。这是互联网金融区别于传统金融最关键的特点。传统金融营运的主要是资金流，信息流较少，基本没有物流。阿里金融以物流为基础，信息流也较丰富，并以支付宝为手段提供了资金流，"三流"一体大大增强了网络对客户的黏度。腾讯虽然是以信息流为支点发展起来的，但也在不断增强其物流。而且腾讯能满足人们社交、信息交流的需求，这本身也是信息时代一种特殊的商品交换。显然，以物流为基础的阿里金融在发展互联网金融方面更具优势。总之，"三流"一体是目前主流互联网金融平台的基本特点，也是互联网时代出现的新趋势。

通过这种"三流"一体的平台，企业可以与客户保持密切的接触。根据统计平均每个网民每天上网时间超过 3h，而每个月花在网银上的时间不超过 0.5h，平均每天不超过 1min。人们把大量时间使用在诸如淘宝、微博、微信等网络平台中，也就自然而然地更容易接受这些平台提供的信息和服务，这就是网络活动的"入口"。拥有"入口"的网络金融企业就如同拥有渠道的传统金融企业，能够更容易获得客户，并使客户对其产生黏性。而传统银行尽管也有网银产品，但由于"入口"很难，因此其很难与具备平台模式的网络金融机构进行竞争。商业银行可以把网上银行做得很好，但客户的点击率却可能相当有限。

② 具有多点扩张的特性，对客户有很强的聚合能力。平台经济另一个显著特点是多点式扩张。传统经济是以企业为核心进行单点扩张，结果是其成长速度只能以线性发展；平台经济以客户为核心进行多点扩张，其成长速度往往是以几何级数增长（如原子分裂）。

传统企业中企业自身是拓展的唯一主体；但对于平台模式类企业，当客户积累到一定程度后客户也会成为其拓展的主体，如腾讯 QQ，现有客户会主动代替企业向其朋友推荐，从而成为业务拓展的主体，而在市场存在空间的情况下，现有客户越多这种成长速度越快。

③ 具有正的网络外部性，边际成本递减，边际价值递增。平台经济的最大特点就是网络效应，包括同边网络效应和跨边网络效应。当平台经济达到一定规模后，网络效应会越发明显，平台经济各方的用户会越来越多。平台经济法则适用于许多行业，并非互联网行业所特有，只是信息技术让网络效

应实现的成本更低、效率更高、规模更大。

以淘宝为例。传统消费行为原本具有负的网络外部性：更多的消费者意味着更拥挤的购物环境、更恶劣的服务态度及更高的价格。但在淘宝的平台上，消费者反而具有正的网络外部性。主要原因在于消费者对店家的信用评级为克服"缺乏品牌和信誉"的小店家消费中的信息不对称提供了巨大的帮助，因此购物前先查看店家的星级已成为淘宝买家的基本习惯。但是在传统的环境中，组织消费者对众多小商户进行信用评价本来是任何企业都无法实现的，只有当交易成本极大地降低之后，这一体系才得以建立，随之而来的正的网络外部性则极大地刺激了消费者对淘宝的使用。

就是说平台经济随着规模的提升，不但有更低的成本（信息平台一旦建立其边际成本趋于零），还有更大的效用（淘宝使用的人数越多，对潜在用户的吸引力越大），边际价值不断提高。

④借助大数据工程，减少信息不对称。大数据既包括结构性的数据，又包括非结构性的数据；既包括自身数据，又包括第三方获取的数据，通过这些数据的实时分析，为互联网金融企业提供了客户全方位信息，通过分析和挖掘客户的交易和消费信息掌握客户消费习惯，并准确预测客户行为，使互联网金融企业在营销和风险控制方面有的放矢。

互联网金融在云计算的保障下，资金供需双方信息通过社交网络沟通和传播，被搜索引擎组织和标准化，最终形成时间连续、动态变化的信息序列。由此可以给出任何资金需求者（机构）的风险定价或动态违约概率，而且成本极低。

以阿里小额贷款为例。在贷前，阿里小额贷款可以调取企业的电子商务经营数据并辅以第三方认证信息，判断该企业经营状况、信用情况和偿债能力；在贷中，通过支付宝、阿里云及未来的物流系统监控该企业资金流、信息流和物流情况，为风险提前做出预警；在贷后，进一步监控该企业的经营行为，深化信用评判，并对违约客户处以限制或关停其网络商铺等措施，并向其他网络客户通报其潜在风险。

⑤具有长尾效应。传统商业认为企业界80%的业绩来自20%的产品，但长尾效应认为，只要产品的存储和流通的渠道足够大，需求不旺的产品的市场份额可以和少数热销产品的市场份额相匹敌甚至更大，即众多小市场汇聚成可与主流相匹敌的市场。目前比较成功的互联网金融模式都可以用长尾效应去解释：它们的客户大多是消费额度很小但数量很多，这也能为之提供巨大的收入。传统商业对这些长尾客户经营的成本过高，难以赢利。但互联网企业借助大数据工程，可以极大地降低经营成本，做到有利可图。

⑥ 具有明显的自然垄断性。平台模式下，通过平台连接的各方增长会促进己方和对方持续增长，但这种增长不是外在力量的驱使，而是自然的内在推动，这样，平台多方主体共同构建起遵循良性循环机制的系统。同时，多者越多、强者恒强的平台法则带来赢家通吃的市场格局，市场中只有第一、没有第二。因此，客户规模和市场份额往往成为互联网企业争夺的首要目标，甚至赢利模式的重要性都排在其后，通常是先抢到客户、做大规模后，再优化商业模式、构建商业闭环。

综上所述，平台才是互联网企业杀手级的工具，互联网金融竞争的核心在于平台的竞争。平台经济的核心就是平台企业通过制定平台规则，巧妙掌控双边市场内部及其之间的互动，在提升双方实力的同时提高平台自身的价值。平台的核心价值就在于资源和信息的整合与交互，平台型业务的竞争不再是两个企业的竞争，而成为围绕着每个平台企业、各方客户良性增长、价值链条完备有序的生态系统之间的竞争。平台商业模式的精髓在于，打造一个完善的、成长潜能强大的开放性、包容性的生态圈，让利益相关各方彼此交流互动，共同实现价值的提升。

第二节　互联网金融平台模式的类型及发展

一、第三方支付平台模式

（一）第三方支付平台模式概述

第三方支付平台模式是指具备一定实力和信誉保障的非银行机构，借助通信、计算机和信息安全技术，采用与各大银行签约的方式，在用户与银行支付结算系统间建立连接的电子支付模式。第三方支付包括以支付宝、财付通、盛付通为代表的互联网支付企业，也包括以快钱、汇付天下为代表的金融型支付企业。通过第三方支付平台模式，买方选购商品后，使用该模式提供的账户支付货款，由第三方通知卖家货款到达、进行发货。买方检验物品后，就可以通知付款给卖家，第三方再将款项转至卖家账户。

所谓第三方支付平台，就是指由非银行的第三方机构经营的网上支付平台。第三方支付通过其支付平台在消费者、商家和银行之间建立连接，起到信用担保和技术保障的作用，实现从消费者到商家及金融机构之间的货币支付、现金流转、资金结算等功能。采用第三方支付，既可以约束买卖双方的交易行为，保证交易过程中资金流和物流的正常双向流动，增加网上交易的可信度，同时还可以为商家开展的 B2B 交易、B2C 交易、C2C 交易等提供技术支持和其他增值服务。

第三方支付已不仅仅局限于最初的互联网支付，而是成为线上线下全面覆盖、应用场景更为丰富的综合支付工具。从发展路径与客户积累途径来看，目前市场上第三方支付公司的运营模式可以归为两大类。

① 独立第三方支付模式，是指第三方支付平台完全独立于电子商务网站，不负有担保功能，仅仅为客户提供支付产品和支付系统解决方案，以快钱、易宝支付、汇付天下、拉卡拉等为典型代表。以易宝支付为例，其最初凭借网关模式立足，针对行业做垂直支付，而后以传统行业的信息化转型为契机，凭借自身对具体行业的深刻理解，量身定制全程电子支付解决方案。

② 以支付宝、财付通为首的依托于自有 B2C、C2C 电子商务网站提供担保功能的第三方支付模式。货款暂由第三方支付平台托管，并由第三方支付平台通知卖家货款到达、进行发货的消息；在此类支付模式中，买方在电商网站选购商品后，使用第三方支付平台提供的账户进行货款支付，待买方检验物品并进行确认后，就可以通知第三方支付平台付款给卖家，这时第三方支付平台再将款项转至卖方账户。第三方支付平台的赢利模式主要有交易手续费、行业客户资金信贷利息及服务费收入和沉淀资金利息等收入来源。

比较而言，独立第三方支付立身于 B（企业）端，担保模式的第三方支付平台则立身于 C（个人消费者）端，前者通过服务于企业客户间接覆盖客户的用户群，后者则凭借客户资源的优势渗入行业。

随着第三方支付平台的兴起，不可避免地在结算费率及相应的电子货币 / 虚拟货币领域给银行带来挑战。第三方支付平台与商业银行的关系由最初的完全合作逐步转向了竞争与合作并存。随着第三方支付平台走向支付流程的前端，并逐步涉及基金、保险等个人理财等金融业务，银行的中间业务正在被其不断蚕食。

另外，第三方支付企业利用其系统中积累的客户的采购、支付、结算等完整信息，可以以非常低的成本联合相关金融机构为其客户提供优质、便捷的信贷等金融服务。同时，第三方支付企业也开始渗透到信用卡和消费信贷领域。第三方支付企业与商业银行的业务重叠范围不断扩大，逐渐对商业银行形成了一定的竞争关系。未来，当第三方支付企业能够在金融监管进一步放开，其能拥有目前银行独特拥有的账户权益时，那么带给银行的就不仅仅是余额宝的竞争，而是全方位的行业竞争。

（二）第三方支付平台模式的特征

第三方支付是由具有信誉保障的非银行类第三方机构，采用与各银行签约的方式，提供与银行支付结算系统接口及通道等服务，实现资金转移和网上支付结算。第三方支付平台有着很强的平台经济属性，即该平台上既有供给又有需求。需求和供给是交叉网状的，即双方对第三方支付平台提供的产品与服务具有相互依赖和互补性，第三方支付平台对于一类客户的价值在于另一类客户的规模，如腾讯、淘宝、App Store、微信等。第三方支付平台连接着截然不同的三类用户，即银行、商家和消费者。三类用户对该平台产品或服务的需求是相互依赖的联合交易需求，并且某一边用户效用随着另一边用户数量增加而增加，这是平台多变市场特征之一——交叉网络外部性。因此，第三方支付平台的平台经济特征可概括为以下几点。

① 具有三边市场的特征。第三方支付平台涉及商家、银行和用户三边市场。首先，第三方支付平台具有联合需求特征。任何第三支付平台三边的用户必须共同参与，并相互依赖。其次，具有明显的成员外部性和使用的外部性特征。成员外部性表现在，加入的商家越多，消费者通过第三方支付平台的交易就越多，平台企业价值就越大。同时，使用第三方支付平台的商家越多，消费者注册并使用该平台的可能性就越大；而且该平台接入的银行越多，对于商家、用户完成交易越方便。可见，第三方支付平台多边用户分别对另一边用户产生正向网络外部性。第三方支付平台网络外部性表明，在平台发展初期，需要制定较低的价格策略，从而吸引更多的商家和消费者参与，从而形成有效的用户规模。只有商家和用户达到一定的规模后，第三方支付平台才能获得更好的发展。

② 第三方支付平台具有区别于一般平台的特殊性。第三方支付平台的三边市场特征具有自身的特殊性，区别于经典的中介平台和媒体等双边市场。首先，第三方支付平台的兴起细化了产业分工，第三方支付平台企业作为银行网关的延伸，与商业银行共同搭建起支付平台。也就是说，第三方支付平台不是一个单独的支付平台，它背后有一个存管行，而与其连接的两类用户背后也有各自的商业银行。三者之间的资金往来都是通过银行及网银系统运作，形成第三方支付的生态网络。三者之间的信息流、物流才是真正经过第三方支付平台、商家和消费者的核心。其次，第三方支付产业无论是产业组织、发展，还是产业链管理，都具有一般性产业特征，但同时，由于其连接了银行和网银系统，还涉及支付结算、消费者沉淀资金管理、反洗钱等金融领域，因此具有金融业的宏观和微观审慎风险。所以说，正是由于第三方支付平台的双边特征，才使得第三方支付平台的赢利机制显得异常复杂，价格

结构或者价格分配的重要性远高于价格本身。

③ 第三方支付平台具有交叉网络外部性特征，且具有正效应。随着第三方支付平台使用者数量的逐渐增多，部分商户受到买方市场吸引而逐渐开始接受并使用第三方支付平台进行交易。当该平台上买方和卖方形成一定的规模时，该平台的方便快捷价值就逐步体现出来了，进而会吸引更多的消费者来使用，同时越来越多的商家在巨大收益的诱惑下也会不断参与进来。如果第三方支付平台拥有的商户规模大，消费者也就更愿意在这家支付平台进行注册，从而更方便地买到自己需要的商品或服务；而如果第三方支付平台的注册消费者规模很大，商户也就更愿意接入这家支付平台，从而拥有更大消费群基础。当双方规模逐渐扩大，突破临界规模后，在正向反馈机制作用下，第三方支付平台进入一个良性发展阶段，买卖双方都可以在更大范围内接触到交易的潜在对象，从而交易价值得以实现。双边市场接口的设计策略能有效协调和繁荣双边市场需求、实现自身利润增长，体现了第三方支付企业不同于传统单边市场企业的发展策略特征：第三方支付平台的行为更注重对商户和消费者产生足够的激励，从而促成双边市场的繁荣，并从中实现自身利润的增长。

（三）支付宝盈利模式分析

电子商务的发展带动网上购物的兴起，促进了第三方支付平台的快速发展。第三方支付平台能否持续健康发展，关键是有没有持续的盈利模式。支付宝是第三方支付平台中的典型代表，为商家、消费者提供了网上交易支付平台。为此，我们以支付宝为例探寻第三方支付平台盈利模式，它代表了第三方支付平台盈利模式的发展方向。支付宝服务是互联网企业的一个创举，是电子商务发展的一个里程碑，从实质上突破了长期困扰中国电子商务发展的诚信、支付、物流三大瓶颈。随着支付宝的快速发展，第三方支付平台盈利模式呈现多元化的趋势，进一步拓展了盈利模式的空间。

1. 支付宝发展迅猛

支付宝最初作为淘宝网为了解决网络交易安全所设的一个功能，该功能为首先使用的"第三方担保交易模式"，由买家将货款打到支付宝账户，由支付宝通知卖家发货，买家收到商品确认指令后支付宝将货款转至卖家，至此完成网络交易。支付宝是国内领先的独立第三方支付平台，致力于为中国电子商务提供"方便、简单、安全、快速"的在线支付解决方案，从而赢得用户的信任。支付宝这种支付模式是在我国信用体系不完善的情况下应运而生的，它有效地解决了电子商务发展的支付瓶颈问题和信用问题，有力地推动我国电子商务的发展。

如今，支付宝已经和国内几百家银行及国际的 VISA 组织等各大金融机构建立了战略合作，支付宝依托阿里巴巴电商平台的优势，发展迅猛，成为国内最大的第三方在线支付平台。

巨大的用户规模让支付宝挺直了腰杆，一方面可吸引越来越多的商户和消费者；另一方面提高了企业与银行的议价能力，从而进一步压低发卡银行的手续费费率。更为重要的是，强大的支付宝在线支付平台的建成，进一步拓宽了支付宝多元化的盈利模式。

2. 支付宝多元化的盈利模式

支付宝是依托阿里巴巴而发展成为领先的第三方支付平台，随着用户规模的迅猛增长及交易规模的快速扩大，支付宝的盈利模式逐步清晰。盈利模式简单地说就是企业赚钱的渠道，即企业通过怎样的渠道和模式去赚钱。目前，支付宝盈利模式主要来自以下几个方面。

（1）广告费

作为第三方支付最显著的收益便是广告费，登录支付网页可以看到，无论是支付宝还是财付通，几乎每一个第三方支付平台的网页上都会有大大小小的广告，第三方支付平台利用网页上投放的各种广告代理费用获得利润。广告服务是淘宝网官方宣布的第一一个盈利模式，支付宝主页上发布的广告针对性强，包括横幅广告、按钮广告、插页广告等，广告费是支付宝最直接的盈利来源。

（2）手续费

传统的第三方支付平台的主要盈利途径是收取支付手续费，即第三方支付平台与银行确定一个基本的手续费率，缴给银行，然后，第三方支付平台在此费率上加上自己的毛利润，向用户收取费用。一般来看，第三方支付平台主要是靠向商家和用户收取交易手续费盈利。当前，第三方支付市场竞争激烈，支付宝、理财通、网银所占份额超过 90%，行业集中度高，巨头之间的竞争或许会更加激烈，手续费如果高了，就可能失去用户。所以会出现京东停止使用支付宝等事件。但支付企业之间拼手续费是一个没办法持续的手段，尤其是在互联网免费模式中，向商家和用户收取手续费更是不可持续的手段。

（3）服务费

①理财相关业务的服务费。在支付宝推出余额宝的同时，财付通和快钱等其他第三方支付平台也在其网页上推出了相关理财产品，甚至淘宝、苏宁易

购、微信、新浪微博等纷纷在网页上挂出了几十家基金理财产品，引起了基金公司与第三方支付平台及各大网站的合作浪潮。在基金公司与第三方支付平台合作的背后，我们也可以看到第三方支付平台获得了可观的服务费用，就目前来看与第三方支付平台合作的大部分是货币基金和低风险的保险理财产品，或许未来会向收益较高但风险也较高的股票、期货等趋势发展。

②代缴费业务中第三方支付平台向第三方合作商户收取部分的服务费用。此类第三方合作商户一般需向第三方支付平台缴纳服务费。例如，支付宝增值业务中的缴纳水电费、医院挂号、校园一考通等功能，实际生活中并不是支付宝为用户缴费，而是支付宝与第三方商户合作，第三方商户为用户缴费。在这里第三方商户向第三方支付平台缴纳代理服务费，完成整个缴费过程。

（4）沉淀资金的使用带来的收入

互联网购物有一个物流配送的时间周期问题，从而使买家与卖家到货及收款之间有一个时间差，因此部分第三方支付平台的支付账户就会形成沉淀资金，像淘宝惊人的交易额会形成巨大沉淀资金。通过对沉淀资金的使用可以获得银行利息收入，还可以通过沉淀资金优势向银行议价，获得更加便宜的银行支付转账通道，从而进一步强化第三方支付平台的盈利能力。对于像支付宝这样的第三方支付平台来说，做好对沉淀资金的有效使用，会获得相当可观的收入，而且这也是第三方支付平台盈利模式的主要来源。

（5）大数据服务收入

支付宝经过多年发展，积累了海量的数据。除了商户等静态信息外，还有商户和消费者在支付宝上产生的大量动态数据和信息，包括各种交易情况、支付情况等，利用这些大数据资源，一方面建立信用体系，另一方面可以为商户等提供定制数据服务，并收取一定的费用。

（6）其他增值服务收费

其主要是建立在支付宝基础上形成的增值服务及延伸金融服务。

可以看出，支付宝盈利模式呈现多元化态势，其成功建立在淘宝强大生态系统的基础上，目前支付宝已实现盈利。当然我们同时看到，目前还有很多第三方支付平台缺乏强大的电商平台和线上线下一体化（O2O）模式等支撑，产品缺乏创新，一味大打价格战，盈利模式单一，在很大程度上制约了第三方支付平台的长远发展。支付宝的成功对第三方支付平台探索多元化的盈利模式有着重要的启示。对于第三方支付平台来说，只有不断强化平台经营，推进生态模式创新，做大规模和流量，才能真正找到适合平台自身发展的多元化盈利模式。

二、P2P 网络借贷平台模式

（一）P2P 网络借贷平台模式的内涵

如果你现在买房还差十几万元，如果你投资一个项目急需资金，如果你经营的店面需要扩大经营，如果你经营的公司急需资金周转……你会找谁借钱呢？如果你是没有太多闲暇时间的上班族，手里有一笔闲钱，存银行利息太低，有什么收益比余额宝收益高但风险又不大的产品可以投资呢？正是基于上述的供需市场的存在，催生了 P2P 网络借贷平台模式的出现，也给上述问题提供了一种有效的选择。

所谓 P2P，是指 peer-to-peer，即点对点信贷。其中，第一个 P，是指缺乏理财渠道的个人投资者，即出借人或投资人；第二个 P 是指银行不愿意或无法贷款、但却急需资金的中小客户，即借款人。

P2P 网络借贷平台模式就是指连接借款人和投资人的中介，通过平台进行资金借、贷双方的匹配，需要借贷的人群可以通过网站平台寻找到有出借能力并且愿意基于一定条件出借的人群，平台方提供服务，并进行审核，帮助贷款人通过和其他贷款人一起分担一笔借款额度来分散风险，也帮助借款人在充分比较的信息中选择有吸引力的利率条件，从而满足投资人和借款人需求。

由于 P2P 网络借贷行业无准入门槛、无行业标准、无机构监管，因此 P2P 网络借贷平台模式还没有严格意义上的概念界定，其运营模式尚未完全定型。目前我国 P2P 网络借贷平台模式主要分为以下几种：

1. 纯平台模式和债权转让模式

根据借贷流程的不同，P2P 网络借贷平台模式可以分为纯平台模式和债权转让模式两种。纯平台模式，借贷双方借贷关系的达成是通过双方在平台上直接接触，一次性投标达成。

债权转让模式是指借贷双方不直接签订债权债务合同，而是通过第三方个人先行放款给资金需求者，再由第三方个人将债权转让给投资者。此种模式在国内为宜信公司首创。

2. 纯线上模式和线上线下相结合模式

由于国内征信体系不健全，大部分 P2P 网络借贷平台模式对用户获取、信用审核及筹资过程由线上转向线下，P2P 网络借贷平台模式因此分为纯线上模式和线上线下相结合模式。在纯线上模式中，从用户开发、信用审核、合同签订到贷款催收等整个业务主要在线上完成。绝大多数 P2P 网络借贷公司采取的是线上与线下相结合模式，即 P2P 网络借贷公司将借贷交易环节主要放在线上，而将借款审查和贷后管理这样的环节放在线下，按照传统的审核及管理方式进行。

3.无担保模式和有担保模式

根据有无担保机制，可以将 P2P 网络借贷平台模式分为无担保模式和有担保模式。在无担保模式中，平台仅发挥信息撮合的功能，提供的所有借款均为无担保的信用贷款。从 P2P 网络借贷平台未来发展来看，"去担保化"是未来发展的大趋势。该平台有担保模式又可分为第三方担保模式和平台自身担保模式。

第三方担保模式是指 P2P 网贷平台与第三方担保机构合作，其本金保障服务全部由外在的担保机构完成，P2P 网络借贷平台不再参与风险性服务。平台自身担保模式是指由 P2P 网络借贷平台自身为出借人的资金安全提供保障。贷款到期若无法收回本息，可将债权转让给平台，平台会先行垫付本金给出借人，再由平台对贷款人进行追偿。

从 P2P 网络借贷平台特点来看，一方面，有闲散资金的投资人能够通过 P2P 网络借贷平台找到并甄别资质好的有资金需求的企业主，从而获得比在银行存款更高的收益；另一方面，有资金需求的企业主在 P2P 网络借贷平台上仅靠点击鼠标输入相关信息就可完成借款申请、查看进度及归还借款等操作，极大提高了借款人的融资效率。

从 P2P 网络借贷平台模式的特点来看，其在一定程度上降低了市场信息不对称程度，对利率市场化有一定的推动作用。其参与门槛低、渠道成本低，因此在一定程度上拓展了社会的融资渠道。但从目前来看，P2P 网络借贷平台模式暂时很难撼动银行在信贷领域的霸主地位，无法对银行造成根本性冲击。

P2P 网络借贷平台模式提供的是一种小额信贷的个人对个人的直接信贷模式。目前国内的 P2P 网络借贷平台有宜信网、红岭创投、人人贷、拍拍贷等。通过 P2P 网络借贷平台，借款人直接发布借款信息，出借人了解对方的身份信息、信用信息后，可以直接与借款人签署借贷合同，提供小额贷款，并能及时获知借款人的还款进度，获得投资回报。

P2P 网络借贷平台目标市场主要是小微企业及普通个人用户，这些大都是被银行"抛弃"的客户，资信相对较差、贷款额度相对较低、抵押物不足，并且因为中央银行个人征信系统暂时没有对 P2P 网络借贷企业开放等原因，造成 P2P 网络借贷平台审贷效率低、用户单体贡献率小及批贷概率低等现状，并且很多异地的信用贷款，因为信贷审核及催收成本高的原因，不少 P2P 网络借贷平台坏债率一直居高不下。

从目前整体 P2P 网络借贷行业来看，先进入者有一定的知名度及投资者积累，相对于大量的投资者来说，更多的是缺乏优质的信贷客户；而对于一些新上线的平台，因为缺少品牌知名度及投资者的信任，或者被迫选择一些虚拟的高利率标的来吸引投资者，或者是依托线下合作的小贷、担保公司资源将一些规模标的进行资金规模或者时间段的分拆，以便尽快形成一定的交易量，争取形成良性循环。

目前，我国 P2P 网络借贷平台还处于培育期，用户认知程度不足、风控体系不健全，是 P2P 网络借贷行业发展的主要障碍。部分平台跑路的信息也给该行业带来了不好的影响，其大都是抱着捞一把就跑的心态，在平台上线不长的时间内依靠高回报率骗取投资人的资金，而很少是因为真正的经营不善而倒闭的。因此，不能因为少数害群之马的恶劣行为来彻底否定一个行业，而是要在逐步建立备案制及相关资金监管的同时，加大对真正违法诈骗行为的严厉打击。

P2P 网络借贷作为一种新兴的金融业态在发展过程中还存在着一系列问题和风险。P2P 网络借贷行业的出借人多为普通个人并且数量众多，易被高收益吸引，但不具备良好的风险识别能力和风险承受能力。所以，P2P 网络借贷行业的风险防范尤其值得关注。

（二）P2P 网络借贷平台模式经济分析

P2P 网络借贷的本质是通过互联网搭建平台，提供贷款服务。很显然，P2P 网络借贷是一种典型的平台经济，平台一端连接资金借入者，另一端连接资金出借者，它极大地改变了目前借贷市场的状况，为众多借入者和出借者提供了更便捷、更高效的选择。下面从平台经济规律来剖析 P2P 网络借贷平台模式。

P2P 网络借贷平台主要包括如下核心要素：①平台用户，借出者和借入者是谁？其需求是什么？②业务模式，通过何种方式开展业务？提供业务是否满足用户需求？用户体验是否好？③风险控制，如何进行风险评估从而保证系统的安全？是否提供本金保障或担保或垫付？④平台定价，如何确定贷款利率？如何确定贷款风险？⑤盈利模式，如何收费？⑥经营风险，面临何种风险？⑦营销方式，如何营销才能吸引更多的用户参与？

下面对这些核心要素进行分析。

1. 平台用户

资金借入者主要有 3 类人群：小微企业、城市白领和其他低收入者，这些借入者由于贷款数量小，无抵押物或抵押物较少，而无法获得银行的贷款。他们希望满足以下不同的需求。

小微企业主或店主：资金的周转需求。城市白领：偿还信用卡和消费信贷等。其他低收入者：购买生产资料和生活消费等。资金借出者主要是收入较高拥有闲散资金的中产阶级或较富裕的人。与传统银行主要服务高端客户相比，P2P 网络借贷平台主要服务于单笔交易量较小的客户，需要在征信方法和放贷成本上有颠覆性做法，P2P 网络借贷平台才具有明显的优势。

2. 业务模式

在业务模式上，P2P 网络借贷平台开展业务主要有两种模式，即线上模式和线下模式。

线上模式：部分 P2P 网络借贷平台企业提供线上平台，借入者在平台上发布贷款需求，借出者通过平台了解贷款需求并进行投资。其优点在于平台提供借贷撮合交易功能，所有的流程和交易都在线上进行，相对便捷，对于人员数量的要求较少，成本较低。

线下模式：部分 P2P 网络借贷平台企业通过线下开展业务。一方面，平台接触借入者了解其需求，对于合格的借入者提供相应的贷款，对于借入者的贷款通过资产证券化的方式进行打包然后拆分成小的债券；另一方面，平台同时接触借出者，并引导其投资到相应的债权上。这种模式的优点在于平台对借入者和出借者进行线下交流和审批，提高借贷质量，但对于人员数量的要求较高。宜信就采取该模式。各个平台设置了不同的投资门槛，如 LendingClub 最低投资额为 25 美元，拍拍贷为 50 元，宜信为 10 万元。宜信之所以能够将投资门槛设置得比较高，是因为其采用线下模式开展业务，其征信质量比较高、本息有保障，所以获得了资金借出者的认可，成本也较高。

3. 风险控制

风险控制始终是 P2P 网络借贷平台的核心竞争力，是决定该平台能否获得持续健康发展的关键。目前，国内 P2P 网络借贷公司主要采取"计算机 + 人工"的方式对信用进行审核，如人人贷 60% 的信用审核由人工完成；宜信采用计算机系统结合人工的模式，前线人员获得资金借入者的资料并录入计算系统中，计算机系统根据风险模型进行分析，最终由审核团队确认具体的贷款金额和贷款期限。在 P2P 网络借贷平台资金保障方面，国内许多 P2P 网络借贷平台企业提供资本金保障机制，如宜信抽取贷款额度的2%作为风险补偿基金，保证借出者的资金安全；拍拍贷对于资金借贷赚取的利差远小于宜信，在平台获利较小的情况下，也不愿自身承担太大的违约风险。因此，对于本金保证的适用范围设置了较为苛刻的门槛。当前，国内征信体系的不完善，导致P2P网络借贷公司如履薄冰。这就要求P2P网络借贷平台运营中，有一一支具备贷款风险管理知识和资质的专业团队，把握和处理好平台运营过程中的风险问题，避免或减少坏账的产生。

4. 平台定价

P2P网络借贷平台对贷款风险的定价决定了平台吸引哪种用户前来投资或借钱，也决定了平台吸引力。P2P网络借贷平台一般采用两种模式：贷款拍卖和平台定价。

（1）贷款拍卖：借入者根据自身需要资金的急迫性来对借贷利息进行出价拍卖。该模式存在的问题是，借出者并没有足够的信贷知识来对借入者的信用情况做出准确的判断，最终出价最高的借入者常常还不起钱，因而带来借出者的损失。美国的Prosper曾经采用此方式，但后来放弃了拍卖模式而采用了平台定价模式。

（2）平台定价：平台根据借入者的信用情况、借款额度及期限对贷款风险进行模型定价，从而确定贷款利率。贷款利率确定或者是由放贷人竞标确定或者是由平台根据借款人的信誉情况和银行的利率水平提供参考利率。LendingClub、拍拍贷和宜信均采用平台定价的方式，如LendingClub提供标准化的贷款产品——3年期和5年期，额度为1000~35 000美元，利率分为7个等级，每个等级分为5小级，总共35小级。这个模式考验平台是否真能提出一个公允的利息定价。

5. 盈利模式

P2P网络借贷平台的盈利主要是从借款人收取一次性费用及向投资人收取评估和管理费用。线上平台的投资主要在平台建设、营销及人员费用上，相比线下模式费用支出较少，因此其收费一般在贷款额的2% ~ 6%，而后者需要大量的人员参与开发借出者和借入者，并进行身份和资料的审核，资产相对较重，需要收取更高的费用（贷款额的10%以上）来保证企业的运作。

6. 经营风险

P2P网络借贷业务主要面临两大经营风险，即平台本身的逾期违约风险和外部的政策风险。P2P网络借贷业务的核心是风险控制和风险定价，需要聘请专业的人员和机构建立相对完善的风险模型，对于借入者的风险进行全面评估和正确定价。如果不能很好地控制逾期和坏账的风险，将会导致公司资金链断裂甚至破产。

7. 营销方式

采用线上模式的平台一般采用口碑营销和网络营销的方式进行用户发展。通过用户论坛的方式可以使用户了解平台的功能，交流贷款和投资的经验，同时在门户网站或专业网站上投放广告。采用线下模式的平台则主要通过线下活动的方式推广，并由平台的一线人员向用户进行产品介绍和说明，从而发展用户。

三、众筹模式

（一）众筹模式概述

所谓众筹模式，是指项目发起人利用互联网和社交网络的传播特性，向公众展示自己的创意，争取得到足够的认同和支持，从而募集公众资金的模式。众筹项目以实物、服务或者媒体内容等作为回报，但不能涉及资金或股权。目前，我国的众筹平台多数带有公益和慈善色彩。众筹模式的典型代表国外有最早和最知名的平台 KickStarter，国内有点名时间、众筹网、追梦网等。

众筹模式通过搭建网络平台面向公众筹资，让有创造力的人获得他们所需要的资金，以便使他们的梦想得以实现。这种模式的兴起打破了传统的融资模式，开创了人人皆可成为投资人的新模式，每一位普通人都可以通过众筹模式获得从事某项创作或活动的资金，从而使融资的来源者不再局限于风投、银行、资本市场等渠道，而是来源于大众。

众筹模式与 P2P 网络借贷平台的不同之处在于，其服务于融资方，更多的是通过众筹平台对项目进行宣传，希望通过介绍、宣传等吸引公众关注，从而获得资金支持。众筹模式主要有两方面的应用：一是针对创业企业，创业企业通过众筹，把社会上大量分散资金集中起来，完成初期发展所需的资金；二是对于创新产品，众筹相当于提供预先检测市场反应的平台，企业可以把产品需要的基本费用在众筹平台完成筹资之后再进行生产和市场拓展。

众筹模式属于平台模式，主要是由筹资人、出资人和众筹平台组成的。筹资人和出资人是众筹平台的双边市场。筹资人越多越能吸引众多的出资人参与投资，众筹平台越有价值，其平台的知名度不断提升。

（二）众筹模式的分类

众筹模式源自美国网站 Kickstarter 允许创业者通过互联网平台和 SNS 传播特性面向公众筹资，该互联网新型融资模式打破了创业项目融资人与投资人传统融资渠道的障碍，让草根大众成为创业项目的资金来源者。如今，众筹模式正在演变为一个新型互联网融资模式，"你的梦想大家帮忙出钱，人人都是天使投资人"的众筹思维也迅速在市场上蔓延。

从阿里巴巴的娱乐宝推出到基于熟人网络的微信众筹，再到各类影视艺术项目、咖啡馆、房产的网络筹资，互联网金融创新正在改变以往创业投资的传统理念，各类众筹模式的兴起也正日益拓宽大众投资的新兴渠道。当下众筹平台主要包括公益众筹、回报众筹、产品众筹、产权众筹、股权众筹等主流模式。

（三）众筹融资的运营模式

众筹平台的运作模式首先是需要资金的个人或团队将项目策划交给众筹平台，经过相关审核后，便可以在众筹平台发布需要融资的项目，并向公众介绍项目情况。项目必须是具有明确目标的，通常如制作专辑、出版图书或生产某种电子产品。项目发起人必须具备一定的条件，拥有对项目 100% 的自主权，不受控制，完全自主。项目发起人要与众筹平台签订合约，明确双方的权利和义务。一般众筹平台对每个募集项目都会设定一个筹款目标，筹资项目必须在发起人预设的时间内达到目标金额，才是筹资成功，支持众筹项目的投资人往往通过各种形式得到相应的回报。如果没达到目标钱款，则已筹钱款将打回投资人账户，有的平台也支持超额募集。众筹模式不以股权、债券、分红、利息等资金形式作为回报。

四、电商金融模式

（一）电商金融服务平台模式概述

商业活动的本质是商品流、物流、资金流、信息流 4 流合一的商务循环经济活动，电子商务依托于以互联网产业为基础的快速信息流、物流、商品流和资金流。在传统电子商务活动中，资金流仅依托于电子商务平台的单向活动，如对 B2B 电商，资金从一家供应商经过电子商务平台流向另一家供应商，对于 B2C 和 C2C，资金从消费者经过电子商务平台流向卖家。而电商金融服务平台模式，彻底改变了以往电子商务活动中资金单向运行的方式，让资金流在电商生态圈内形成闭环，实现了资金流的循环和加速周转。

电商金融服务平台模式，是电子商务和金融相结合的产物。电商金融服务平台凭借电子商务的历史交易信息和其他外部数据，形成大数据，并利用云计算等先进技术，在风险可控的条件下，当消费者、供应商资金不足且有融资需求时，电商平台提供担保，将资金提供给资金需求方。资金需求方不能按时还款，其在电商平台上的活动将会受到限制，如第三方卖家会面临网店被关闭的风险。

很明显，电商金融服务平台模式属于平台经济，电商金融服务平台具有双边市场特征。一边是资金需求方，主要包括卖家、产品供应商和消费者。根据资金需求方的不同，电商金融信贷分为供应链融资和消费信贷。

另一边是资金提供方，也就是电商企业本身，它根据资金需求方信用和需求开展小额贷款服务。电商金融服务平台中的资金提供方式是多元化的，主要包括以下几种方式：①电商金融服务平台自身提供资金，电商金融服务平台成立小额贷款公司提供资金。②电商金融服务平台利用大数据为银行等金融机构做担保，由银行提供资金，走金融服务模式。③电商金融服务平台拥有银行牌照，具有吸收资金功能，用融得资金提供贷款。④电商金融服务平台作为信贷平台市场，为平台上各类用户的贷款提供信用评估，包括担保，让各类投资者在此信贷平台市场上进行投资交易，直接连接投资者和资金需求方。

毫无疑问，电商金融服务平台是电商金融服务平台模式运行的核心，一方面电商金融服务平台要利用大数据对资金需求方进行审核和担保；另一方面电商金融服务平台也要监督各项资金流的运转状况，确保整个电商金融的正常安全运行。当然电商金融服务平台价值与电商金融服务平台本身密切相关，只有在电商金融服务平台本身规模、流量不断扩大，打造良好的电商生态系统，社会影响力不断提升的情况下，电商金融服务平台的影响力才会提升，平台的网络外部性和交叉效应才会显现，电商金融服务平台才能做大、做强。

因此，围绕平台的竞争将是重中之重。我们看到，国内各家大银行已意识到电商金融服务平台的重要性，开始建设电商金融服务平台。目前，我国大部分银行都拥有了一定规模的网上商城。虽然传统商业银行在线下能力、金融专业能力、资本和客户基础等领域仍具有绝对优势，但其搭建交易平台的难点在于资金流、信息流、物流三者的有机结合。如何通过 IT 平台系统，将系统的服务融入企业经营的全过程，实现信息流、资金流和物流的整合，并有效整合外部合作资源和其他社会化资源，对于银行发展互联网金融十分关键。

随着电子商务的迅猛发展，电商发展日新月异，在电商领域，已经形成以天猫、京东、苏宁、当当、唯品会为代表的各类电商平台，如今网购已经全面走进人们的生活。与此同时，随之而来的金融需求应运而生。如今，阿里巴巴、苏宁、京东等电商巨头相继推出了供应链金融，而京东收购网银在线，中国电信翼支付公司也推出天翼贷产品；我国各大银行纷纷上线电商金融服务平台并有针对性地推出各种电商理财产品，传统保险理财投资等公司更是纷纷试水电商，这一系列针对电子商务市场的金融布局，使得电商金融服务平台之间，其至传统金融企业之间，已经有了非常明显地在电商金融上明争暗斗的局面，电商金融已然成为兵家必争之地。

（二）电商金融服务平台模式的本质是大数据金融模式

互联网金融并非简单地把传统金融业务搬到网上去，而是充分利用大数据来改善银行与企业之间信息不对称的问题。其实，所有的金融产品都是各种数据的组合，这些数据在互联网上实现数量匹配、期限匹配和风险定价，再加上网上支付就形成了互联网金融的核心。近年来电商纷纷进入金融服务领域，依据其大数据优势，电商金融发展更为引人注目。

电商有 B2B、B2C 和 C2C 3 种类型。B2B 是企业与企业之间通过互联网进行产品、服务及信息的交换，会员费是 B2B 最主要的收入来源，代表企业有阿里巴巴、慧聪网等。B2C 是企业对个人，代表企业有天猫、京东等。C2C 是个人与个人之间的电子商务，以淘宝网为代表，汇聚海量卖家和买家，平台效应突出，通过提供平台，网站掌握了庞大的交易数据。

电商介入金融领域的途径在于深度挖掘交易数据，在交易闭环内为买卖双方提供资金融通服务。具体表现上，B2B 提供小额信贷业务，C2C 主要提供消费信贷业务，B2C 介于两者之间。互联网金融企业掌握的最重要资源就是交易数据，电商金融本质就是大数据金融。

大数据金融是指集合海量非结构化数据，通过互联网、云计算等信息化方式，对客户消费数据进行实时分析，从而可以为互联网金融企业提供客户全方位信息，通过分析和挖掘客户的交易和消费信息，掌握客户的消费习惯，并准确预测客户行为，提高金融服务平台信贷效率和降低借贷风险。

大数据金融有着传统金融难以比拟的优势。互联网的迅速发展不仅极大扩展着企业拥有的数据量，也使企业更能够贴近客户，了解客户需求，实现非标准化的精准服务，增加客户黏性；企业通过自己的征信系统，实现信用管理的创新，有效降低坏账率，扩大服务范围，增加对小微企业的融资比重，降低运营成本和服务成本，从而可以实现规模经济。

基于大数据的电商金融服务平台主要指拥有海量数据的电子商务企业开

展的金融服务。关键是要具备从大量数据中快速获取有用信息的能力，或者是从大数据资产中快速变现的能力，因此，大数据的信息处理往往以云计算为基础。目前，基于大数据的电商金融服务平台的运营模式可以分为以阿里小额信贷为代表的平台模式和以京东、苏宁为代表的供应链金融模式。

平台模式是互联网时代垄断性数据的唯一可持续来源，由此基于线上交易平台获得数据是布局互联网金融的必要条件。无论是银行搭建电商金融服务平台，还是互联网企业利用交易为客户做服务，其核心都是想通过交易平台对客户数据进行分析预测客户可能的消费和交易需求，从而精准掌握客户的信贷需求或其他金融需求。

与传统金融业相比，电商金融服务平台，其掌握的核心优势在于支付渠道和海量的数据积累，活性高，变化频繁，能够对借款人的资本信用做即时、快捷的评估，并进入贷款操作流程。第三方支付的电商金融服务平台，之所以能够依赖电商平台开展内部的商户信贷业务，并通过频繁的资产交易做大规模，最本质的优势在于电商平台用户的交易数据和频率，能够确保该平台的信贷不良率不超标，从而使其大幅度领先于银行的小微贷业务。例如，阿里金融，通过数据化的平台开展征信操作，将商户的信贷风险控制在较低的程度，从而能够实现日均 100 万元左右的利息收入。其他电商，如苏宁、腾讯、京东等，不管是自己开展小贷业务，还是和银行合作开发信贷产品，所利用的也无非是电商平台上的客户数据。

大数据能够通过海量数据的核查和评定，增加风险的可控性和管理力度，及时发现并解决可能出现的风险点，对于风险发生的规律性有精准的把握，将推动金融机构更深入和透彻的数据分析需求。虽然银行有很多支付流水数据，但是各部门不交叉，数据无法整合，大数据金融促使银行开始对沉积的数据进行有效利用。大数据将推动金融机构创新品牌和服务，做到精细化服务，对客户进行个性定制，利用数据开发新的预测和分析模型，实现对客户消费模式的分析，以提高客户的转化率。

大数据金融广泛应用于电商平台，以对平台用户和供应商进行贷款融资，从中获得贷款利息及流畅的供应链所带来的企业收益。随着大数据金融的完善，企业将更加注重用户个人的体验，从而进行个性化金融产品的设计。未来，大数据金融企业之间的竞争将存在于对数据的采集范围、数据真伪性的鉴别及数据分析和个性化服务等方面。

（三）电商金融服务平台模式分类

随着互联网和移动互联网的快速发展和普及，我国电子商务发展迅猛，电子商务市场交易规模已经连续多年保持 20% 以上的增长速度。如今，电商已经不仅仅是一种基于互联网的买与卖，而是一种生活方式，如涌现出的阿里巴巴、京东商城、苏宁易购等电商巨头，利用其庞大的平台优势，纷纷进入金融服务领域，比如，京东商城、苏宁易购在 2012 年底相继进入供应链金融领域，阿里集团已开展小额信贷业务，即金融服务已成为电商企业完善其商业生态系统的重要手段。不同运营模式下的电商企业所提供的金融服务模式有着明显的差异，这里重点介绍以阿里小贷为代表的平台模式和以京东为代表的供应链金融模式。

1. 以阿里小贷为代表的平台模式

采用平台模式的电商平台上聚集了大大小小众多商户，企业凭借平台多年的交易数据积累，利用互联网技术，向企业或者个人提供金融服务，这种模式主要是以阿里小贷为代表的平台模式，这种平台模式最大特点就是利用自身平台积累的大数据优势，为平台商户提供便捷快速、无须担保、随借随还的小额贷款服务。

2. 以京东为代表的供应链金融模式

供应链企业在与核心平台企业合作时，一方面要保证供货，另一方面还要承受应收账款周期过长的风险，资金往往成为最大的压力。而这些企业往往因为规模小，资金薄弱，难以得到银行的贷款，资金链断裂成为笼罩在这些企业头上的阴影。因此，这些供应链企业对融资需求较大。而以京东为代表的电商平台则是通过为这些上下游企业提供融资方案，从而解决其银行授信难和资金压力大的问题，同时进一步完善整个供应链生态圈。因此，供应链金融模式由此产生。

所谓供应链金融模式，是指核心电商企业依托自身的产业优势地位，通过其对上下游企业现金流、进销存、合同订单等信息的掌控，依托自己资金平台或者合作金融机构为其上下游的原料商、制造商、分销商及零售商提供金融服务。供应链金融模式从供应链的角度对上下游企业进行综合授信，有助于加强供应链风险管理水平，打造电商供应链生态系统。

五、直销银行模式

基于互联网技术的电子商务发展在引领商业模式创新的同时，也正在把大量客户从银行柜台引向网络平台，随着互联网快速发展及向传统行业渗透步伐的加快，一种新兴的互联网金融模式——直销银行模式应运而生。

（一）直销银行模式的内涵

直销银行模式是互联网时代应运而生的一种新型金融运作模式。所谓直销银行，简单地说就是通过互联网为广大用户提供金融服务，几乎不设立实体业务网点，客户从开户到转账、理财等均可以通过互联网直接办理，打破时间、地域、网点等限制，同时也能够提供更优惠的贷款利率、更高的存款利息。在很大程度上直销银行模式又称为直销金融模式，如互联网保险、互联网基金销售等。由于日常业务运转不依赖于物理网点，因此，在经营成本方面较传统银行更具优势，理论上，能够提供比传统银行高的利率水平和费用更加低廉的产品及服务。

从直销银行模式的内涵来看，直销银行模式也是平台模式。在直销银行模式下，银行没有营业网点，不发放实体银行卡，客户主要通过计算机、电子邮件、手机、电话等远程渠道获取银行产品和服务，因没有网点经营费用，直销银行可以为客户提供更有竞争力的存贷款价格及更低的手续费率。降低运营成本，提高服务水平，方便客户是直销银行模式的核心价值。绝大部分直销银行都作为大型银行集团的附属机构或子公司存在。目前比较著名的直销银行有ING[①] Direct、First Direct、UBank、Rabo Direct、Zuno Bank、Ally Bank 等。

从运营模式来看，直销银行模式可以分为两种模式，一种是纯线上模式，另一种是线上与线下融合模式。前者是指所有产品与服务均通过线上系统及Callcenter提供，如汇丰集团旗下的 First Direct 银行，国内民生银行联合阿里巴巴，打造纯线上服务模式；后者是指除线上服务外，还提供部分辅助性质的线下服务，实现线上和线下相结合，如 ING 下的 ING Direct 银行通过线下咖啡馆服务拉近与客户的距离；再如，北京银行推出的直销银行模式采用的就是线上互联网平台和线下直销门店相结合的服务模式，其主要服务对象是数量广大的大众零售客户和小微企业客户，并可全天候、不间断提供金融服务。线上服务由互联网综合营销平台、网上银行、手机银行等多种渠道构成；线下模式是建立便民直销店，设置远程签约机、存取款机、自助缴费终端等。

（二）直销银行模式的特点

直销银行模式是充分利用现代信息技术，借助互联网开展业务，降低成本，回馈、吸引客户，具有广阔的市场前景。如今，直销银行模式受到传统金融机构、互联网公司青睐，直销银行进入发展的新阶段。纵观国外成功运营的商销银行，直销银行模式具有如下几个特点。

---

① ING 中文为荷兰国际集团。

① 几乎无实体营业网点，运营成本低。绝大部分的直销银行都极少或根本没有实体营业网点，客户通过电子渠道完成各项业务，如汇丰集团旗下的 First Direct 银行采用的就是这种纯线上模式。也有部分银行设有少量线下实体，但只是提供部分辅助性质的服务，主要业务仍通过线上完成，如 ING 下的 ING Direct 银行。在直销银行模式中，客户从开户到转账、理财等均可以通过网上直接办理，完全不受网点在空间和时间上的制约。在广告宣传方面，直销银行主要是通过互联网、电视广告及口耳相传等和相互推荐的方式推广营销，如 ING Direct 银行（USA）40% 的增量客户来自原有客户的推荐。

② 进行准确的客户定位。大多数直销银行将目标客户群定位在中等收入群体，他们追求实惠，对存款利率的高低十分敏感；熟悉互联网，有网上消费的习惯；追求高效，不希望在实体网点浪费过多时间用于与客户经理的沟通或办理金融业务；喜欢简单，不希望在传统银行提供的海量产品中无所适从，对定制化的产品和服务没有强烈需求。

③ 提供有限的、标准化的个人金融产品和服务。直销银行对客户进行精准定位，摒弃客户的个性化需求，仅提供多数客户需要的、标准化的个人金融产品和服务。通过标准化，严格控制成本。一般直销银行主要提供活期存款及转账、储蓄存款、消费分期付款、网上交易支付、信用卡业务、有价证券投资、房地产融资等金融服务和产品。

④ 以低价格、高收益的金融产品和服务吸引客户。直销银行将客户定位在对价格敏感的客户群体，通过提高储蓄存款利率、免收银行卡年费、提供信用卡全球免费取款等方式吸引客户。直销银行的储蓄利率，通常可以达到传统实体银行的 2 ~ 3 倍或更高，因此国外直销银行通常是被客户作为储蓄账户和大额可转让定期存单账户。此外，直销银行为新开客户提供礼品或礼金，鼓励口碑营销，老客户在推荐新客户开户成功之后会得到积分或礼物奖励。

⑤ 简单亲切的交易体验。直销银行的交易流程较传统银行更加简便快捷。以开立储蓄账户为例，客户在线输入姓名、性别等基本信息，以及社会保险号、住址、其他银行账户便可完成申请，较传统银行柜面申请＋开通网银的流程，节省了大量时间和精力。此外，由于缺少与客户面对面的互动，直销银行均十分重视客户在交易中的体验感受，一改传统银行充满合约条文和专业词汇的风格，通过舒适流畅的页面设计和亲切活泼的线上交互拉近与客户的距离感。

总结起来，直销银行的基本模式是准确筛选客户，通过低成本的电子渠道提供简单、低价格、高收益的金融产品，其成功的关键在于适应互联网和移动互联网的迅猛发展及人们金融消费习惯的改变。但是值得注意的是，在直销银行发展的过程中，也有不少直销银行转型或被收购，成为传统银行的网络渠道。

（三）直销银行模式的发展

直销银行诞生于 20 世纪 90 年代末北美及欧洲等经济发达国家，最早可追溯到 1965 年在法兰克福成立的储蓄与财富银行。直销银行金融模式在欧美等发达国家早已出现，目前国际上知名的直销银行有 ING Direct、HSBC Direct[①]、Openbank 等。

在国外，由于直销银行业务拓展是不以实体网点和物理柜台为基础的，具有机构少、人员精、成本低等显著特点，因此能够为顾客提供比传统银行更便捷、优惠的金融服务，直销银行占据了相当份额的市场，并且由于没有实体网点，直销银行可以降低营业成本，从而提供价格更优惠的金融产品，如收益率更高的理财产品、利率更低的贷款产品等。在近 20 年的发展过程中，直销银行经受住了互联网泡沫、金融危机的历练，已积累了成熟的商业模式，成为金融市场重要的组成部分，在各国银行业的市场份额已有 9% ~ 10%，且占比仍在不断扩大。

在我国，直销银行模式还是一个新生事物，面对我国互联网的快速发展和普及，以及互联网金融的飞速发展、客户消费习惯的转变及利率市场化步伐的加快，直销银行模式在我国受到广泛关注。直销银行模式得到快速发展，主要表现在以下几个方面。

① 直销银行在我国发展处于起步阶段。近年来，基于互联网技术的电子商务发展在引领商业模式创新的同时，也正在把大量客户从银行柜台引向网络平台。当前，中国的中小银行面临互联网金融和利率市场化的挑战，特别是在中国金融体制改革不断深化的背景下，推出直销银行恰逢其时。在国外，直销银行发展比较成熟，在我国，直销银行还是一种新生事物，发展刚刚起步。近年来，随着我国互联网的快速发展及互联网金融的普及已经迅速入侵传统银行业，才催生了中国的直销银行。

② 传统金融机构和互联网公司积极进入直销银行领域。开设直销银行，促进金融的互联网化，通过电子化渠道将让金融服务更加方便快捷。传统银行业已经身处移动互联网技术重塑金融生态的崭新时代，银行必须为自身注入互联网基因。

③ 直销银行在我国具有广阔的发展前景。科技的进步让现实生活与网络

---

① HSBC 全称为香港上海汇丰银行有限公司。

生活成为两个平行的世界，零售银行业的竞争也正从线下蔓延到线上，大力发展直销银行业务，将突破物理网点限制，扩大业务覆盖范围，是顺应金融互联网和互联网金融的发展趋势，是在利率市场化下对新型零售银行模式的有益探索。

④正视直销银行的风险，加强直销银行的监管。由于直销银行的业务主要是通过虚拟渠道来实现，相比传统实体银行而言，业务创新度大，风险相对较高。在这种情况下，如何规范直销银行的业务、如何充分保护客户的权益、如何增强风险控制等诸多问题均需要进行深入思考和研究，需要监管部门从法律层面给予细化。此外，征信系统的完善，也会推进直销银行的发展。

六、余额宝模式

（一）余额宝的诞生

2013年6月13日，阿里巴巴推出余额宝线上理财，点燃了互联网金融的战火。余额宝用网民支付宝账户中的沉淀资金去购买货币市场基金，而货币市场基金主要投资于商业银行短期票据、政府债券等低风险货币产品，收益超过银行存款，因此其为受大众青睐的投资品种。

余额宝诞生以来发展速度惊人，在同类产品中独领风骚。凭此，与其合作的天弘基金，一举超越稳坐行业龙头的华夏基金，成为中国第一大基金。余额宝之所以受到市场的追捧，在很大程度上是因为我国的存款利率还没有市场化。

以前，投资者购买理财产品时，在银行柜台千挑万选，跟业务员磨破嘴皮，最终也难以达成交易。现在，互联网公司的理财产品，缩短了交易流程，简化了发行环节，降低了金融理财产品的门槛，吸引了更多人参与。平时毫无理财意识的用户，也感受到了互联网金融实实在在的好处，也分别加入购买"宝宝们"的大军。

在余额宝的带动下，2013年10月，扛着高收益旗帜的百度百发上线，其理财产品与华夏现金增利货币基金对接，上线4h即告销售10亿元，造成网站瘫痪，创下了中国基金业销售纪录。其他有流量有用户的互联网公司，如网易、苏宁、腾讯等，也纷纷加入战局。它们推出的线上理财产品的共同特征都是门槛低，收益高于银行同类产品，购买和赎回非常简单高效。

2014年1月15日，对互联网金融也是一个值得纪念的日子，阿里巴巴余额宝规模达到2500亿元，震惊金融界。而就在这一天，它迎来了一个强劲的对手——腾讯理财通，其刚从中国证券监督管理委员会拿到"准生证"就马不停蹄地于当晚 22：00 展开试运营。在外界看来，腾讯携着 6 亿微信用户介入货币基金，很可能会打破余额宝一家独大的局面。腾讯理财通尽管起步较晚，但它已经成为余额宝的最大对手。

与余额宝超速增长相对应的是银行存款业务出现大幅度下滑。为此，银行在维系核心业务方面，采取了一系列措施来应对余额宝。各家银行纷纷推出"各种宝"等理财产品，并提高收益率，从而打压余额宝的较高收益率优势。这种类型理财产品采用类似余额宝方式，工商银行联合工银瑞信基金推出天天益理财产品，该产品业务方面采用 1 月起购，24h 随时可申购和赎回，且拥有较高的年化收益率。此外，还有中信银行推出的薪金煲、民生银行联手中国电信翼支付共同推出的账户余额理财服务添益宝、平安银行的平安盈、广发银行的智能金、光大银行的活期宝、招行的日日金、兴业银行的现金宝、中国银行的活期宝、交通银行的快溢通和民生银行的如意宝等。

从风险和流动性上考虑，银行的各种"宝"收益并不逊色互联网的各种"宝"，一旦银行上浮存款利率，在利率方面，余额宝等互联网各种"宝"的优势将不再明显。

（二）余额宝盈利模式

余额宝横空出世给多年波澜不惊的金融业掀起了不小波澜，随即各类"宝宝们"不断推出，吸引广大用户的注意力。各类"宝宝们"都号称其收益是银行的十几倍，有的竟达到 8%，那余额宝模式盈利模式怎样呢？这里从余额宝盈利模式进行分析。

余额宝起到银行与储户之间的中介作用，并由此盈利。从余额宝盈利模式来看，其盈利主要有以下几种：

① 协议存款收益。余额宝通过互联网积小成大，将小笔资金汇聚成超大额资金，然后通过协议存款方式获得较高的存款收益率，再返还给用户。协议存款是指针对起存额度非常大的中资资金开办的人民币存款品种。协议存款由于非常高的起存额度而享有比较高的存款利率，这种利率近似于银行同业间的拆借利率，接近市场真实利率。

② 基金销售服务费。一般按照销售基金的 0.25% 计取。

③ 货币资金的管理费和托管费。

（三）对余额宝模式发展的认识

互联网技术的高速发展，对人们的生活产生了极其深远的影响，互联网巨头已不满足于仅仅改变人们的消费观念，近些年其触角已延伸至金融领域，互联网公司发挥电商、搜索、社交、在线支付、云计算的优势，各种金融创新不断涌现，以余额宝模式为代表的金融创新受到市场的欢迎，一时间各种"宝宝们"接踵而至，有效促进了互联网金融的繁荣和发展。任何事物发展都是一分为二的，余额宝模式如何能更持续、更健康地发展呢？这需要我们对余额宝模式的发展有客观正确的认识。

首先，余额宝模式是一种金融模式的创新。如今，创新的内涵更为丰富，更为多元。创新远远不止是技术创新和产品创新，还包括业务流程创新、商业模式创新、管理创新、制度创新、服务创新及创造全新的市场以满足尚未开发的顾客需求，甚至新的营销和分销方法等。星巴克、eBay、维基百科都是极其出色的商业模式创新。

互联网金融是新生事物，余额宝模式是基于信息与网络社会的一种金融服务模式创新；余额宝模式是一种产品创新，它降低了用户门槛，用户随时消费支付和转出，存取灵活，使用便利，而且年化收益率达到6%，大大高于银行，满足了普通大众的金融需求；传统金融机构主要服务大客户、大企业，对普通用户不屑一顾，而余额宝模式开辟新的市场，面对的是广大的草根阶层和老百姓，以小额借贷为主，通过互联网金融将其汇聚，降低了成本，因此，余额宝模式是一种普惠金融模式；最后，余额宝模式充分利用互联网金融基金产品销售，是渠道模式的创新。

其次，余额宝模式对传统金融业的影响不容忽视。余额宝等互联网金融产品的创新和发展，在传统金融界掀起轩然大波，对传统金融的影响与日俱增，主要表现在以下几个方面：

① 余额宝模式发展对银行业并不构成实质性威胁。当前，银行界的人士在各种场合，过分夸大余额宝模式对银行业的威胁，如余额宝吸引大量零散资金导致存款搬家；余额宝提升资金成本，对实体经济发展造成不利的影响；等等。他们过分夸大余额宝模式的负面作用，最主要的原因就是为加强对余额宝模式监管铺平道路。另外传统金融业想利用自身优势为余额宝模式发展设置各种限制，以扼杀余额宝的发展。其主要是因是余额宝的发展会分流银行存款。

② 余额宝模式创新倒逼银行业顺应时代的潮流，加快变革和创新步伐。互联网与传统金融的融合为大势所趋，互联网金融既是一种创新，也是一种变革，能推动传统金融业发展、变革和创新。任何阻碍创新、限制创新的做法都必将受到规律的惩罚。与其采取各种措施限制余额宝模式发展，倒不如适应互联网发展潮流，加快银行业变革和创新是银行业寻求持续发展的必由之路。当前，出现金融业采取各种措施阻碍互联网金融的发展，从一个侧面反映出传统金融业创新意识不强、缺乏创新动力。在互联网金融迅猛发展的

今天，这种倾向无疑与市场经济和发挥市场在资源配置中起决定性作用是背道而驰的，也是十分危险的。好在我国传统金融业已经意识到了互联网金融发展趋势及互联网金融效率，也在积极布局互联网金融，成立互联网金融部门，加快了金融产品创新步伐，推出各种类似于余额宝的产品，这是中国金融业的进步。

再次，余额宝模式自身发展存在一定风险性。虽然余额宝模式非常受市场的欢迎，但作为金融创新产品，必然存在风险，主要体现在以下几个方面。

① 第三方平台介入理财，监管方面存在空缺，安全性无法保障，可能是最大的隐患所在。余额宝类似于基金代理业务，其责任方是有限责任公司，理论上说并不具备代理基金的资质。第三方平台如果出现问题，投资者会蒙受巨大的损失。为消除用户在资金安全问题上的忧虑，阿里巴巴方面承诺，如果客户账户余额资金被盗，支付宝方面将全额赔偿。但就目前情况来看，在资金的安全性上，余额宝模式还是没法和银行相比。

② 面临流动性风险。由于余额宝模式可随时支取和转出，一旦出现大量赎回的问题，则会扰乱金融市场秩序。因此，如何既保证流动性，又能够稳定收益，是余额宝模式发展中必须面对的重要问题。

③ 投资收益不确定性的风险。"宝宝们"是非固定收益类的理财产品，虽然其收益率高于银行储蓄，但收益会随货币市场波动而变化。余额宝就是天弘货币基金，理论上7天年化收益率是7%，也可能是3%。

④ 余额宝模式先使部分活期存款转移到货币基金，再进入银行协议存款，这既造成存款流失，又加大经济发展的融资成本，也带来一定量的货币空转。

最后，加强对类余额宝模式的监管是大势所趋。当前国家出台一系列措施方法对余额宝等互联网金融产品进行适度的规范是必须的，但在实践中要正确处理创新和监管的关系。监管的根本目的是更好地促进互联网金融的创新和发展，而不是抑制创新，保护垄断者利益。唯有如此，才能更好地促进我国金融业的健康发展。

第三节　互联网金融平台模式创新案例分析

一、阿里金融

如今阿里巴巴已基本建立了以电商平台为基础，以支付宝为核心的金融开放平台，良好的阿里金融生态系统正在形成。阿里金融在互联网金融行业独树一帜，取得的成效十分显著。探寻其成功的原因，我们认为主要体现在以下几个方面。

（一）平台上搭建平台，提升客户体验

阿里巴巴成功的商业模式就是建立开放平台，通过打造内部生态系统和外部生态系统，使电商平台更加稳固、更加具有聚合力。阿里巴巴平台战略的一个重要特点就是平台上搭建平台，这从阿里巴巴的发展路径可见一斑，即阿里巴巴（B2B平台）—淘宝网（C2C平台）—支付宝（线上支付平台）—天猫（B2C平台）—阿里小贷和余额宝（互联网金融平台）—未来的聚宝盆（互联网金融和银行平台），其一直围绕着"平台搭平台"战略发展。随着平台的发展，客户规模不断扩大，客户黏性不断加强，其业务创新和扩张能力又进一步地增强。

阿里电商平台是阿里金融发展的基石，支付宝则是打通阿里电商平台的基础，也是阿里巴巴进入金融领域的核心，没有强大电商平台和支付宝平台，阿里金融难以立足。阿里巴巴建立了一个庞大的商业生态系统，包括了买家、卖家、支付、物流、金融、搜索等体系，这一开放及完全自由竞争的生态圈已经改变了传统企业做生意的方式，也改变着广大消费者的消费行为模式。目前淘宝网拥有超过5亿注册用户，支付宝拥有8亿注册用户，淘宝拥有活跃卖家800多万家，每天交易额超过300亿元，强大的客户和平台资源为金融平台的打造提供了强有力的支持。

阿里巴巴在平台建设中始终以客户需求为核心，不断提升客户体验。阿里巴巴电子商务通过为广大客户提供丰富的产品、构建强大物流体系，不断提升客户服务水平；支付宝则以解决网购中的信用缺失问题为核心，重点关注客户需求和体验，并通过金融和技术手段满足用户需求；阿里小贷通过大数据资源建立的信用体系，为小微企业提供快速有效的信贷服务。

（二）阿里金融基于平台掌握的大数据资源构建分析模型，搭建灵活高效的信用评价系统

大数据是阿里巴巴的核心竞争力，淘宝网、支付宝等阿里集团旗下一系列平台的底层数据已完全打通，其为阿里金融产品提供了大数据支持，使客户互联网消费行为、网络信用在小额贷款中得到充分运用。阿里巴巴正是利用其海量的交易数据挖掘数据的价值，使数据变成其生产力和竞争力。

在金融领域，充分的信息就意味着财富。阿里巴巴成立以来，一直服务于中国数百万家中小企业，不但掌握着这些企业的资金流向，还了解其运作

细节和信用状况。借助于当下流行的大数据技术，阿里巴巴比任何一家传统金融机构更了解客户。

阿里金融是大数据衍生产品开发的一个范例，通过分析淘宝、天猫、支付宝、B2B 上商家的各种数据，阿里巴巴打造了一个信贷工厂，为平台上的卖家提供小额信贷服务。

小微企业的资金困难影响着企业发展。目前，我国有 4200 万家小微企业，在影响企业发展的因素中，资金占 96%，而银行考虑小微企业风险大、收益低，很少向其贷款。阿里金融通过大数据建立信用体系，为广大商家提供小额贷款服务，同时又通过大数据大大降低信贷风险。

阿里金融选择了从淘宝、天猫、支付宝等体系内的用户入口介入信贷领域，而且基于电商平台的大数据分析基本能做到信用可控。淘宝、天猫具有海量的数据和成千上万的网店，阿里电商平台集聚了大量用户信用记录、消费信息、交易记录、现金流及类似卖家和买家的聊天记录、评价、店铺信用、投诉建议等，阿里巴巴对这些数据一清二楚。阿里金融的小额信贷服务利用了电子商务公开、透明、数据可记录的特点，解决了传统金融行业针对个人及小企业贷款时存在的信息不对称、流程复杂等问题。

阿里金融通过建立数据模型，对上述数百项指标数据进行分析处理，就能自动确定贷款申请人的贷款限额。发放贷款以后，阿里通过实时监测商家的交易、退货、评分等经营情况，能方便地了解客户的还款能力，一旦客户交易情况下滑，系统会自动发出预警。这就是阿里金融打造的一个纯粹基于互联网信用小额贷款的平台。阿里金融正是建立在基于所掌握的大数据构建的分析模型上，高效处理实时动态数据，从而完成借贷审核。其放款的依据主要是在阿里巴巴平台上企业经营的财务状况及用户网络活跃度、交易量、网上信用评价等，只要网店有真实的订单、良好的销售记录，阿里金融就可以给它放贷。比起传统银行一家一家地调查企业、一笔一笔地进行审核，阿里金融的成本和风险明显降低，效率则大大提高。阿里金融单笔小微信贷操作成本为 2.3 元，而在银行，单笔信贷操作成本一般在 2000 元上下。

阿里金融还建立了风险预警机制，根据实时信息适时调整用户信用等级，账户交易或者订单的波动、支付宝资金往来情况的变化，都会导致用户信用等级的实时调整。一旦突破设定的红线，后台就会要求贷方提早还款，在商家各种贷款渠道中最先收回资金，把可能出现的坏账降低到最低，这比银行事后干预的机制更先进。

阿里金融的基础是大数据，具备建立在数据分析基础上的风险预警机制和信用体系，能够有效控制风险。

（三）阿里金融依托平台和互联网，聚焦小微客户，打造开放平台

小微市场空间巨大。传统银行主要从事批发银行业务，服务的是大客户，走的是"高帅富"的路线。

在现有的体制和技术条件下，小额贷款银行一般是看不上的，主要原因是：需要烦琐的申请和审批流程，存在不经济的现象；小微企业及网店店主融资金额小、时间短、频率高，单次融资收益低，难以覆盖银行成本；中小企业通常财务信息透明度较差，银行无法对其进行有效的资信评估和风险控制；中小企业触达渠道少，银行无法投入大量人力进行市场拓展。

互联网金融依靠平台优势获得小微客户具有天然的优势，主要表现在以下几方面：①边际成本几乎为零，适用于小微客户小额、短期、高频的理财和融资需求，电子金融化解决了传统银行交易成本和信息成本的问题。②依托电子商务平台和支付平台，实现资金流和信息流的闭环运行，从而解决信息不对称问题。③依托阿里云计算能力，能够更好地对商户的经营信息进行收集、整合和分析，帮助进行风险控制分析。

聚沙成塔、集腋成裘，这种小额借贷需求集聚在一起的绝对数字将是无比庞大的，如果再能产生规模效应，这块的收益将远高于银行传统的贷款业务。阿里金融的平台战略就是围绕集聚小额需求和产生规模效应出发，聚焦消费金融创新和小微企业金融创新，利用自身互联网运作的经验、积累的商家信用数据库、建立的信用评价体系及海量的商家和用户资源等，搭建一个金融平台，并建立完善的运营机制，同时吸纳银行等各方金融机构和金融中介参与，面向消费者和小微企业进行各种互联网形式的金融创新，从而形成一套生态体系，如淘宝一样自行运转。这样的运营思路体现了阿里巴巴的平台化基因，也是其优势所在，其所能创造的价值要远远大于自己去开办一家银行。

（四）创造新规则，打造互联网金融生态系统

银行和银联是传统金融领域的规则制定者。在传统金融领域，传统金融机构是市场的主体，也是标准和规则的制定者，互联网金融企业作为新兴主体难以切入其中。以线下支付为例，银行和银联控制了发卡与交易流程，并占据了主要利润来源（发卡和转接机构要收取刷卡手续费的80%以上），因此第三方支付生存空间十分狭小。

但阿里金融依靠电子商务和虚拟账户，创造了新的市场，并改变了游戏规则，成为新市场的主体。电子商务的发展创造了新的应用场景，由于买卖双方无法进行面对面的交易，传统的POS机刷卡无法在新场景中得到应用；

而支付宝依靠虚拟账户不但解决了电子商务交易中的信用问题，而且摆脱了线下支付中对于银联和银行结算系统的依赖，彻底掌握了客户和账户，支付宝的引入建立了网络零售健康交易体系，这让阿里电商发展一日千里；同时逐步建成了基于支付信用的电子商务的生态环境。

阿里巴巴的频繁收购与投资使其竞争实力不断增强，如今阿里巴巴已成为我国互联网巨头，掌握着核心数据资产，从某种意义上来说，阿里巴巴掌握了游戏规则制定权。以阿里巴巴为代表的网络平台商不仅仅是产业链的核心参与者，更是一个产业生态环境的缔造者和规则、标准的制定者。一方面，平台商可以制定更有利于自身的规则，减少互联网金融活动中的交易和信用成本；另一方面，由于平台效应和规则的不同，平台参与者（小微企业和个人）有很高的转换成本，因而不会轻易违约。

二、腾讯金融

腾讯是我国最大的互联网公司。依靠产品极致的客户体验和资本的扩张，腾讯可谓攻城略地，在微信、QQ、游戏等诸多领域拥有市场领先地位。虽然在电商、移动支付等方面与阿里巴巴差距较大，但腾讯充分发挥其自有优势，在互联网金融迅猛发展的今天，腾讯开启互联金融创新之路，这源于腾讯拥有的独特优势。

（一）海量的用户优势

庞大的用户是腾讯加快互联网金融布局的基础，这可以实现一些社会化支付、金融产品的创新，也有助于产品的推广营销和理财客户的维系互动。这意味着腾讯未来很可能会成为一个平台，第三方机构使用它并向它的用户销售产品。

（二）社交媒体平台的优势

腾讯天生属于社交，其优势也在社交。腾讯是中国最具互动性也是用户最多的社交媒体平台。如果充分利用这些即时通信工具的优势，向用户推送产品资讯，一旦用户熟悉且习惯这种一站式的平台，那么腾讯便可将源源不断的金融产品输送到客户端，并且将客户长期黏住，这些金融产品涉及基金、保险、银行理财、信托、券商集合等细分领域。凭借微信、QQ这两大移动端的优势及平台社交的强大黏性，可知腾讯的互联网金融版图不可限量。同时，QQ空间、微博等社会化产品产生的海量社交数据，通过一定的数据挖掘可以进行一些预测、监测。例如，腾讯推出的基金指数便是基于数据挖掘而产生的。

（三）微信支付爆发式增长的优势

腾讯在移动支付领域还远远落后于支付宝。腾讯在互联网金融领域的突破关键在于移动支付的突破。2011 年 1 月腾讯推出微信，微信在不到 3 年的时间，用户数突破 6 亿户，腾讯互联网金融差异化在于微信。微信的用户黏性远远超过阿里巴巴，阿里巴巴在短期内很难赶上，其中最为业界所关注的，就是"微信支付功能"，微信支付的支付和安全系统由腾讯财付通提供支持，可实现的应用场景包括公众号支付、扫二维码支付和应用程序（App）支付。自 2013 年以来，腾讯形始扩大战略规划，如投资滴滴打车，微信支付通过春节抢红包等，使微信支付迅速蹿红。

随着微信平台开放进程的加快，各种基于微信支付的平台和应用应运而生，微信小店、微信银行、微信医疗、微信打车……其借助微信庞大用户群，必将使腾讯在移动支付领域占有一席之地。

（四）开放平台的优势

开放是互联网和移动互联网的重要特征，打造开放平台是腾讯成为世界顶级公司的必经之路。腾讯自 2010 年加入开放行列，不仅对外部合作伙伴或第三方开发者开放 QQ、社交关系链、微信及支付能力等核心资源和能力满足开发者或合作伙伴的需求，而且，腾讯围绕打造生态系统培育新的增长点。近年来，腾讯先后投资或收购同程网、大众点评网、京东商城、58 同城等，通过开展资本经营和战略联盟合作的方式，构建 O2O 线上线下闭环的业务模式，从而掌控产业链。

相对于其他开放平台，腾讯开放平台具有五大优势：一是，腾讯开放平台拥有海量用户；二是，腾讯能帮助合作伙伴降低用户注册与登录的门槛；三是，腾讯能够提供一个完整的用户关系链；四是，腾讯拥有完整的支付系统；五是，腾讯拥有互联网产品运营经验的优势。基于腾讯的开放平台优势，必将助其在互联网金融实现新的飞跃。

打造生态系统、搭建平台、多方共赢是腾讯实现互联网金融战略的重要内容，这与腾讯商业模式的变化一脉相承。如今，腾讯生态系统由封闭走向开放，在牢牢把住互联网各类入口的同时，与外部第三方在业务层面战略合作，各司其职，对腾讯存量用户的价值再次挖掘。毫无疑问，打造开放平台、营造生态系统及积极与传统金融机构合作共赢是腾讯立足互联网金融的一大竞争优势。随着腾讯互联网金融产品不断创新、客户体验不断优化、支付体系不断发展、微信平台影响力大幅度提高，腾讯未来在互联网金融领域必将获得新的发展。

三、百度金融

2013 年 10 月底百度金融中心推出的首款金融理财产品百发正式亮相，随后而来的一系列金融产品表明了百度布局金融的规划。以下是百度推出的几款主要金融产品。

百度钱包：百度于 2014 年 4 月 15 日推出了手机支付业务品牌百度钱包，这不得不让我们想起另一个搜索巨头谷歌推出的谷歌钱包（Google Wallet）。百度金融中心：支持用户的信用卡申请业务，着力打造消费者传统金融的入口平台。百度理财：首发项目为百发，以高收益率吸引了大量投资者，打响了百度进军互联网金融的首战。目前百度有百度理财、百发、百赚、百赚 180 天、百赚 365 天、中证 500、沪深 300 等众多理财产品。

除这几项个人金融理财产品之外，百度还推出了针对中小企业的"百度小贷"、针对金融客户的"金融知心"。前者类似于阿里推出的面向小微企业信贷业务的阿里小贷；后者下分理财、贷款、保险三种业务，实现了用户流量与金融机构的无缝对接。

百度依靠搜索引擎在个人电脑（PC）端与移动客户端的流量入口优势及庞大的用户规模支撑，使百度金融业务得以轻松展开，也相对容易地获得了组织机构的流入。百度为用户推出的云存储服务百度云使得百度钱包应用程序编程接口（API）获得巨大优势。百度推广平台上 80 多万中小企业用户则是百度金融小贷业务的重点对象。

不同于阿里金融借助收购天弘基金实现流量闭环的方式，百度更开放地为金融机构提供售卖基金产品的平台，直接面向消费者。欲将信息流转换为商流的百度电商没有获得明显成效，这次想要由信息流转换为金融流的互联网金融是否能够成功？从大的层面上讲，相对容易实现。

电商需要营销、仓储、物流、售后等环节，还要承担卖家分散化的成本消耗，考虑用户形成的消费习惯等，这些问题在互联网金融领域被很大程度地削弱。阿里金融的余额宝虽然在短时间内吸收了大量资金但是并未形成足够的品牌优势，百度还有很大的机会迎头赶上。鉴于此，百度金融成功的机会很大，而且百度还有两个领先的优势。

（一）移动端的优势

腾讯在移动端的领先地位由来已久，阿里在这方面则显得弱一些。百度在移动端可以借助搜索引擎及开发新应用工具的优势，而且百度还有其他两家所没有的重要底牌——百度地图。

地图与支付是线上与线下相结合的本地生活服务的两个核心点，微信使腾讯在支付上领先了一小步，但是百度在地图上却是领先了一大步。腾讯地图就目前来看起色不大，百度通过入股糯米网加紧O2O布局，从而使当下移动支付成为百度的主攻方向。

在本地化生活服务方面，手机支付宝是阿里的核心优势，其他一些零散的投资阿里金融并没有取得多大成效。百度在本地生活服务上还有很多机会，百度钱包与百度金融将会成为百度进军本地生活服务的两大重要武器。

（二）数据与技术优势

在阿里金融战略中，大数据分析是重要的一环，大数据应用是完成信用评估及余额宝资金动态调整的重要依据。百度（全网搜索引擎）与腾讯（QQ、微信）在数据方面也拥有巨大的优势。借助于用户的搜索信息发掘出有用价值，搜索引擎在这方面有着得天独厚的优势。

阿里拥有的数据是最直接的交易信息，百度和腾讯也通过各自的渠道能够获得在互联网金融领域可以使用的数据，最终鹿死谁手还要看谁能把这些数据用好。

四、电信金融互联网金融

近几年来，移动互联网、大数据、云计算、物联网蓬勃发展，从三网融合、两化融合，到移动互联网向传统行业的渗透，产业融合步伐正在加快，产业边界日益模糊，巨大的市场机会正在孕育。互联网金融、电子商务、App、O2O模式等发展日新月异，涌现出众多的新产品、新服务、新模式、新公司，以BAT（B指百度；A指阿里巴巴；T指腾讯）为代表的互联网公司加大了对移动互联网的布局和投入，使互联网金融发展的风生水起。

当前，对规模依赖特征明显的基础电信业务市场日趋饱和，传统业务发展空间进一步缩小，电信运营商管道化、业务价值低值化、产业链边缘化逐步加大。同时，电信运营商面临微信、微博等OTT业务迅猛发展的冲击，电信运营商语音、短信等业务下降十分明显。目前已有阿里、京东等20多家虚拟运营商进入电信市场，在垂直细分市场、创新增值业务发展上对电信运营商构成了极大的挑战。在这种形势下，电信运营商转型要取得成功，就不能固守传统基础业务，而要花更大精力，集中资源，重点拓展新的市场，大力发展新兴业务，可以说新兴业务发展得怎样直接决定企业未来的发展状况。

移动互联网爆发式增长对社会、经济等各个方面都形成了强大冲击，原有的经济运营模式和生活方式正在被移动互联网倡导的去中心化、扁平化、透明化和端到端所颠覆，产业的竞争规则、市场结构、盈利模式等都在发生巨大变化，受OTT业务的强大冲击，为避免被管道化，加快经营模式转型、寻找新的增长模式、拓展新的业务领域，是电信运营商深化转型面临的最大课题。

事实证明，产业运营规则和市场环境出现重大变化时，在原有经营框架下的渐进式创新已经不能满足转型的需要，因此，电信运营商必须打破传统的思维框架。互联网与金融业的融合催生了互联网金融爆发式的增长，互联网金融是一个巨大蓝海市场，电信运营商要结合自身优势，积极拓展互联网金融市场，从而寻求其新的业务增长点。加快拓展互联网金融市场、实现模式创新是加快电信运营商战略转型的客观要求，是适应电信运营商内外部市场环境变化的客观选择，是促进电信运营商持续健康发展的必由之路。

其实，电信运营商拓展互联网金融市场具备先天优势，也是其摆脱对传统基础业务的依赖、寻找新的业务增长点的最佳选择。电信运营商发展互联网金融的优势主要体现在以下几个方面：

一是互联网最为基础的流量服务是电信运营商提供的，所有互联网企业特别是开发移动互联网增值业务，目前还需要借助电信运营商的运营平台。

二是就移动支付系统来说，电信运营商是最早具备金融支付架构的，目前三大电信运营商预存话费模式给介入互联网金融提供了最具优势的沉淀、间歇资金基础。这些资金无论是帮助客户理财，还是未来从事网络小贷包括网络银行都有先天优势。

三是电信运营商都拥有海量的客户基础。

四是大数据优势。电信运营商掌握着海量的包括用户信息、用户消费行为与使用行为等大数据资源，电信运营商可以开展基于大数据的挖掘与分析，发现用户潜在的金融需求，从而开发满足客户需求的金融服务产品。

五是品牌优势。电信运营商社会认知度高，具备较大的品牌影响力和信用优势。当前市场上的多数支付企业为新建企业，多数企业名称还不为广大用户所熟知。而与此相对，电信运营商则具有更好的品牌信誉，对于更多传统网民和非网民而言，有更好的用户接受度。

三大电信运营商在现有的账户架构上只要稍做改造，就可以直接进入互联网金融领域。当务之急是尽快打造诸如中国电信翼支付第三方账户系统，尤其要下决心打造潜力大、发展前景好的移动支付系统。电信运营商借力互联网平台，通过与银行、基金公司等合作，推出诸如余额宝等"宝宝类"货币基金理财产品，甚至将来打造以借助移动互联网为主的小贷公司等。

电信业改革将会和国家信息化战略、全面深化改革基本一致，从而引入民资活跃市场，提升产业竞争力。改革意味着整个电信业的新一轮洗牌，对于运营商来说，不仅是新的变革，也是对旧有模式的突破。而在新模式的变革中，运营商主动出击拓展金融领域更让人看到了电信行业的新面貌。只要结合电信运营商自身优势，坚持创新，推进差异化的互联网金融创新模式，电信运营商在互联网金融市场一定能取得丰硕的成果。

第七章 互联网金融的发展前景与挑战

第一节 互联网金融的发展趋势

当前，移动互联网、大数据、云计算发展迅猛，它们与互联网金融的结合，使信息不对称会降到最低限度，互联网金融未来的成长空间巨大，充满想象。尤其是移动互联网发展迅猛，未来互联网金融向移动互联网金融转变势不可当，移动互联网金融发展前景更为广阔。

移动互联网将移动通信和互联网两种技术相结合，可以满足用户在任何时间、任何地点，以任何方式获取并处理信息的需求。近几年来，移动互联网发展十分迅猛，移动互联网与传统行业融合步伐逐步加快，移动互联网在促进行业发展、推动社会信息化建设、丰富人民群众文化娱乐生活等方面发挥了重要作用，移动互联网发展也孕育了无限商机，即移动互联网市场前景广阔。

一、移动互联网金融发展迅速

当前市场有两大热点，一是移动互联网，二是互联网金融，两者融合必将释放巨大潜力。随着智能终端的发展和普及、移动通信技术的日新月异及移动安全技术的进步，移动互联网金融服务范围、金融产品创新和内涵不断拓展。伴随移动互联网的迅猛发展，我国移动互联网金融呈现快速的发展势头，移动互联网金融作为互联网金融领域的蓝海市场，未来发展潜力更为巨大。我国移动互联网金融快速发展主要表现在以下几个方面：

一是从移动互联网金融业务发展来看，其取得了可喜成绩。中国移动支付市场呈现出爆发式增长的趋势。手机网络商务应用，如网上银行和网上支付等使金融产品交易随时随地进行，可以实现供需双方直接交易，并且交易成本较低。例如，股票、期货、黄金交易、中小企业融资、民间借贷和个人投资渠道等信息能快速匹配，各种金融产品能随时随地交易，极大地提高了效率。

二是移动互联网金融产品不断创新，满足了移动互联网时代金融服务需求。移动互联网向传统金融行业的渗透速度正在加快，各种新业务、新服务不断推出，成为移动互联网金融发展的一大亮点。随着 4G 网络的不断完善、智能终端不断普及及移动互联网与金融业融合步伐的加快，在产业链的背景下，移动互联网金融不断创新，各种移动互联网金融产品和服务层出不穷，移动支付、手机银行、微信理财、微信支付、二维码支付、虚拟信用卡、微信银行、手机 App 等不断推出，并表现出旺盛的生命力。尤其是传统金融机构、以 BAT 为代表的互联网公司及电信运营商积极布局移动互联网金融，均加大了移动互联网金融创新力度，新产品、新应用不断涌现，很好地满足了广大用户的金融服务需求。如今，通过移动互联网，支付、缴费、网购、微信支付、送红包、理财都可以在手机上完成了，即移动互联网金融呈现出繁荣发展的局面。

三是越来越多的企业开始应用移动互联网金融，从而推动了移动互联网金融创新发展。在移动互联网迅猛发展的今天，传统金融机构、互联网公司、电信运营商等越来越多的企业利用自身优势，积极应用移动互联网金融，不断推出移动理财和移动支付产品，互联网金融的战场正逐渐转移到移动互联网上，这有可能会引发新的创新浪潮。目前，已经有工商银行、农业银行、交通银行、中信银行、平安银行、浦发银行、兴业银行等多家银行相继开通微信银行。2014 年 5 月，中国电信与渤海银行签署合作协议，合作后，将为广大消费者提供更加方便的手机支付、话费充值、生活缴费、在线商城、掌上理财、娱乐在线、商务旅行等线上线下服务，还将推出直销银行等创新业务；腾讯自 2013 年 8 月推出微信支付后，2014 年 1 月 22 日，腾讯微信移动理财平台理财通正式上线，首日收益率达 7.394%，为吸引用户，腾讯派发总额达 1000 万元的红包，与阿里巴巴的余额宝展开了钱袋争夺战。同时，百度理财也推出百发和百赚两款产品。阿里巴巴于 2013 年 7 月终结 PC 端支付宝用户转账免费的策略，率先布局移动支付——上线手机端支付宝钱包。支付宝钱包内置了余额宝，并大打"开放"牌，将 8 亿元注册账，全面开放给第三方应用，并新增应用中心，允许接入的第三方应用出现在首屏上，如今从 PC 端转战手机端的支付宝用户超过 40%。不仅互联网巨头布局移动互联网金融，以宜信为代表的 P2P 网络借贷平台也不失时机地加入移动金融的布局中来，推出了借款 App。除了传统金融机构、互联网公司及电信运营商进入移动互联网金融领域外，许多新兴的创业公司也凭借各种创新解决方案进入移动互联网金融领域。

移动互联网金融发展势头强劲。借助大数据和移动市场整合，金融改革、移动理财、移动支付等多种形式以迅雷不及掩耳之势涌入，对传统金融和互联网行业进行整合和颠覆，移动互联网作为一个渠道，已经从信息层面切入交易层面，成为移动互联网金融的重要战场。

二、移动互联网金融的主要模式

（一）移动支付

移动支付作为一种快捷、高效的支付手段，能够克服地域、空间、时间的限制，极大地提高交易效率，为商家和消费者提供便利。特别是在现代支付中，小额、多笔可能成为一种常态。移动支付更为方便快捷，深受广大用户的欢迎。如今，手机支付、互联网在线支付发展十分普及，微信支付发展迅猛，随时随地随身的支付模式成为更能体现移动互联网金融的重要内容，移动互联网金融在便利社会公众支付、提高零售效率、推动完善金融服务方面发挥了重要作用。

从支付宝手机钱包到微信支付，再到微博支付和百度钱包，移动支付新产品层出不穷，发展渐入快车道，从而推动了 O2O 市场加速形成。具有代表性的产品有三大运营商推出的手机钱包业务、支付宝、财付通、拉卡拉、微信支付等。

随着移动支付向金融理财、保险和生活服务等多领域不断拓展与延伸，用户支付服务的接受程度逐步提升，为移动支付发展奠定了良好的制度基础。中国支付清算协会的市场调研数据显示，有近 58% 的受访者表示对移动支付很感兴趣，同时有近 55% 的受访者使用过移动支付，可见移动支付市场有着较大的发展潜力。

（二）移动理财

如今利用手机，不仅可以简单地进行手机充值、购物支付、信用卡还款等，还可以在手机上打理自己的资产，进行金融信息的查询、理财产品的认购等，移动理财正在被越来越多的投资者关注。

如今，各大银行的手机银行除了简单的手机充值、转账汇款等功能外，还加载了更多的金融服务，如理财计算器、银行网点查询、黄金、理财产品、基金资讯等。为了推广手机银行业务，农业银行、建设银行、光大银行、浦发银行、民生银行、招商银行等多家银行均发力移动客户端，推出了手机银行的专属理财产品，而此渠道的理财产品收益率相比于同期银行柜面或网银渠道发行的同类产品，要高出 0.1% ～ 0.5%。

除了银行，越来越多的企业进入移动理财市场。阿里巴巴在推出余额宝后，开始介入理财市场，腾讯推出微信理财平台后，开始进入移动理财市场，并且发展势头强劲。如今，各种移动理财的 App 正在风靡，大大方便了用户，也为用户提供了更便捷的理财渠道。

（三）移动交易

移动互联网金融成为最为热门的话题。以第三方支付、P2P 网络借款、电商金融、众筹及金融机构线上平台为代表的移动互联网金融模式发展较快。如今，只要有一个智能手机，一切金融交易都可在瞬间完成，并且可以随时进行投资、融资、贷款、理财。移动互联网金融交易便利，资金运用快捷，可帮助人们大大提高存款资金利用率，也可帮助人们快速贷到款，提高资金周转率。

（四）微信银行

微信银行说到底就是银行与腾讯合作，利用微信社交平台，开通银行金融服务。微信银行具有代表性的是浦发银行推出的微信银行。2013 年 8 月，浦发银行推出业内首个深入融合微信交互模式的微信银行，创造性地将微信互动与预约取款合二为一，浦发银行在业内相继首推微信取款、微信购火车票、微信融资易、微理财等功能，浦发银行还会推出微信汇款功能，从而完成微理财、微取款、微汇款、微支付、微融资的微信银行全功能布局，搭建全面覆盖线上线下各项业务的超级微信银行。

（五）App 模式

如今，移动互联网飞速发展，以苹果 App 模式为代表的各种 App 应运而生，丰富和繁荣了移动互联网产业，更好地满足了广大客户差异化、个性化、多元化的需求。App 模式是典型的平台模式，App 模式的成功在于构建平台方、开发者和客户 3 方共赢的生态系统。

如今移动互联网金融保持快速的发展态势，各种金融投资理财 App 不断涌现，加快了互联网金融向移动互联网金融迈进的步伐。如今，金融 App 着实为客户提供了方便，不用担心排队、手续费等问题，很多业务都可以通过手机客户端完成，大大节省了时间，也为进入移动互联网金融的企业拓展市场提供了一条有效的通道。

App 模式的盈利呈现多元化，主要包括单纯出售收费、移动广告收费、月租费、增值收费和授权收费等。但在中国，App 模式用户更喜欢免费。App 模式要获得更好的发展，就必须把握客户核心价值需求，注重客户体验，开发出满足客户需求的创新产品，提高平台运营能力，不断做大平台用户规模和用户流量。唯有如此，App 模式才能最终走向成功。

（六）移动金融的 O2O 模式

O2O 模式就是将线下商务的机会与互联网结合在一起，即线上订购、线下消费模式，让互联网成为线下交易的平台，把线上的消费者带到线下进行消费体验。O2O 模式的核心是线上交易、线下体验。

随着移动互联网的快速发展、用户消费习惯的养成、移动支付的成熟、商家营销意识的增强及移动互联网与社交应用、二维码的有效结合，移动 O2O 模式呈现爆发式增长，各类 O2O 平台不断涌现。抓住 O2O 机会，就是把握战略转型新机遇。

O2O 模式的盛行，表现在两个方面：一是，几乎每个金融服务领域都涌现出大量的 O2O 模式，这主要包括移动支付、基金、信托、理财、融资（众筹）、投资、金融资讯、租赁等；二是，进入移动金融 O2O 模式的企业覆盖面广，进入的企业多。移动金融 O2O 模式的快速发展引起了行业的广泛关注，如今越来越多的银行、基金公司、互联网公司、运营商和创业公司积极推出移动金融 O2O 服务新模式。

支付宝与上品折扣联手推出商场 O2O 购物服务；腾讯将微信和财付通捆绑在一起，依托微信的摇一摇、二维码扫描等功能，针对性地开发出各种支付方式，实现 O2O 线上支付与线下商务的整合。如今，手机扫描二维码方式十分普及，这也拉近了商家和消费者之间的距离。百度、腾讯、平安银行、广发银行、浦发银行、利得财富管理集团、合众人寿、有利网、中国联通等众多企业推出移动金融 O2O 模式，实现互联网金融模式创新，旨在抓住 O2O 蓝海市场，提高企业适应移动互联网时代的竞争力。

以众筹模式为例，传统线下融资的渠道非常狭窄，投融资双方接触方式较少，时间成本也比较高，一对一的初次沟通成功率较低。另外，线下股权投资的隐性成本较高，融资方专业知识缺乏，往往无法展现项目亮点，而且容易被骗，找到相匹配的投资人很难。而众筹模式则不同，众筹平台通过互联网将线下项目与投资人连接起来，这种 O2O 模式的应用降低了参与的门槛，提高了投资效率，开创了移动互联网时代中小微企业融资的一种新模式。

移动金融 O2O 模式盈利方式主要有交易佣金抽成收入、广告收入、增值服务收入及线下会员收入等。如今移动金融 O2O 模式正处于起步阶段，但正呈现迅猛发展之势。对于推进移动金融 O2O 模式的企业来说，要获得成功，就必须大力发展线下体系，在客户体验上下功夫，开展广泛合作，打通线上线下的通道，打造良好的 O2O 生态圈，唯有如此，移动金融 O2O 模式才能迎来美好的未来。

总之，随着移动互联网快速发展，以云计算、大数据、社交网络等为代表的新一代互联网技术的迅速崛起，智慧城市、智慧产业、智慧家居、可穿戴设备的发展，促使传统金融领域迎来了新的变化，新的金融应用场景会更多，移动互联网与这些场景的结合，将会产生更多的移动互联网金融的新模式。

第二节　互联网金融面临的困境

当前互联网金融的火热发展态势是建立在我国金融市场化改革及互联网、大数据、云计算等现代信息技术快速发展的基础之上的。而金融市场化的推进及互联网、大数据、云计算等技术的发展将继续为互联网金融提供进一步快速发展的机遇，从而使互联网金融发展不可阻挡。然而作为一种新生事物，互联网金融的发展还面临着一些挑战，主要体现在互联网金融模式创新不足、互联网金融发展存在风险。

一、互联网金融模式创新不足

互联网金融模式能否创新直接决定互联网金融持续健康的发展，还决定着互联网金融企业是否能做大做强。近年来，国内外互联网金融模式层出不穷，涌现出众筹、电商金融、大数据金融、P2P 网络借贷、直销银行、互联网金融门户等众多模式，同时也涌现出越来越多的互联网金融新产品、新公司，但我们应清醒地认识到，目前我国互联网金融总体上处于快速发展的起步阶段，互联网金融模式尚不成熟，创新不足。主要表现在以下几个方面。

第一，国内互联网金融模式模仿跟风热潮不减，缺乏原生性、创新性。一方面，国内互联网金融企业大都采取模仿国外同类型企业的做法，其商业模式通过 C2C 简单移植到国内市场，这导致企业经营没有或缺少原生性，从而陷入互联网金融模式创新的困境。实际上，我国互联网金融的各类模式基本上在美国都可以找到原型。余额宝是一种金融创新，受到广大用户的欢迎，但美国相关支付公司于 1999 年就推出了与余额宝类似的产品——账户余额的货币市场基金。如今，相关货币市场基金在货币金融市销声匿迹，主要原因是美国利率市场化，导致相关货币市场基金收益率大幅度缩水而且与银行存款利率相差不大。P2P 网络借贷兴起当然与我国金融市场不发达、银行等金融机构无法满足小微客户的融资需求等原因有关，还有一个重要原因就是模仿和引进国外 P2P 网络借贷模式。我们知道美国 P2P 网络借贷比较成功的企业有 Zopa、Prosper 和 LendingClub，Zopa 和 Prosper 都是 2005 年成立的，LendingClub 则成立于 2007 年，不难看出，我国 P2P 网络借贷的发展也是舶来品。众筹模式是近年来刚刚兴起的互联网金融模式，在我国具有代表性的众筹企业有点名时间、天使汇、好梦网、点火网、淘梦网等，我国众筹模式也是将国外众筹网站 Kickstarter 等模式模仿到国内来的。

另一方面，国内成功的互联网金融模式创新，吸引了众多模仿者跟进。在中国，一家企业成功了，往往会成为其他企业模仿跟进的对象。当前我国互联网金融火爆与跟风热形成的羊群效应密切相关，近年来出现的类余额宝热足以说明该问题。自阿里巴巴推出余额宝理财产品以来，吸引了百度、腾讯、苏宁、京东、新浪、中国电信、中国联通、各大银行等众多企业的跟进，纷纷推出各种"宝宝们"，不到一年的时间，涌现出活期宝、现金宝、百发、微信理财通、天天富等 20 多个"宝宝"，效仿余额宝的旋风越刮越热。

但一味地模仿而缺乏原生性和创新性，必将使企业在市场竞争中缺乏持续的竞争优势，企业难以获得持续健康的发展，也无法取得如国内外同类企业一样的商业成就。当前，我国 P2P 网络借贷出现的倒闭潮就是盲目跟风而缺乏差异化必然出现的结果。因此，进入互联网金融的企业在模仿国内外成功模式的同时，应坚持创新，结合自身的资源与能力，形成与竞争对手或山寨企业的差异化发展模式，这才是互联网金融企业的明智之举。

第二，简单地以高收益、高回报吸引用户注意，而不是从根本上进行模式创新。例如，一些 P2P 网络借贷企业、推出类余额宝产品的企业等打着政策监管真空的擦边球，为了博眼球、吸引和刺激投资者与消费者，打着高收益的旗号推销金融产品。例如，从众多陷入危机或倒闭的 P2P 网络借贷平台可以发现，这些平台给予投资者的回报率超过 20%，甚至有的还高于 40%，但正常投资收益在 10% ~ 15%，如此高的收益与投资理财产品的理性投资完全冲突，这进一步促使部分 P2P 网络借贷企业采取拆东墙补西墙的措施，甚至老板卷款一走了之，很多投资者因此血本无归，造成这一结果的主要原因就是我国当前互联网金融模式还不成熟，良好的市场环境还有待进一步完善和净化。自阿里巴巴余额宝成功后，各种"宝宝们"层出不穷，有的甚至打出 7% ~ 8% 或超过 8% 或是银行存款息率数十倍的招牌吸引用户，但这些"宝宝"中有些发展并没有得到市场认可，它们一时还难以撼动余额宝的市场领先地位。

在互联网金融产品发展初期，短期高收益产品是吸引投资者购买的有效手段。但过分强调超短期的高收益率并不是理智行为，互联网金融企业要通过强化平台经营、打造差异化产品吸引用户，为投资者提供符合市场投资价值趋势的持续的投资回报的产品才是正确的选择。

第三，一些互联网金融企业将互联网作为产品销售的渠道进行经营，而不是以平台模式进行定位，这客观决定了这些互联网金融企业难以长大。从众多成功的互联网金融企业来看，打造强大的开放平台是其成功的关键。平台型企业成功案例数不胜数，阿里巴巴、百度、奇虎360、KickStarter等。互联网金融企业只有极力打造平台方能取得成功。但从进入互联网金融企业来看，仅仅将互联网当作渠道，将线下业务搬到网上，如电子银行、金融产品办理和销售，利用互联网进行股票和基金的买卖与交易等，甚至传统银行业保守人士认为，传统金融机构做好互联网渠道就足够了，这种认识有悖于互联网平台的发展规律，要真正实现突破会遇到困难。

互联网金融不能仅仅将互联网当作渠道，如果这样，互联网金融企业的商业模式不可能得到根本性改变，企业就难以在互联网金融大潮中立于不败之地。

第四，用户定位不明，产品复杂，导致一些互联网金融企业难以立足，这也是互联网金融模式不够成熟的重要体现。用户定位、产品定位是互联网金融模式创新的重要内容，没有明确的用户定位和产品定位，互联网金融企业在纷繁复杂的市场竞争中就会迷失方向，并由此走向失败的泥潭。

基金淘宝店在2013年光棍节正式上线，上线不到半年就沦为鸡肋，败下阵来。主要原因就是淘宝的用户不是基金投资者的目标市场，因为淘宝用户以年轻人为主，很多是基金新手，并非成熟的投资者，他们主要希望利用闲散资金进行投资，从而对基金产品需求较弱，导致基金销售冷清。

因产品复杂、用户定位不清导致失败的企业不在少数。例如，互联网保险InsWeb创立于1995年2月，该公司曾在美国纳斯达克上市，是全球最大的保险电子商务网站，并在业界有车非常高的声誉，被福布斯称为网上最优秀的站点。这个网站涵盖了从汽车、房屋、医疗、人寿甚至宠物保险在内的非常广泛的保险业务范围。但是保险产品大多较为复杂，往往需要代理人面对面讲解；而单纯从网络上用户难以迅速了解产品性质，这导致绝大多数保险产品无法依靠互联网销售。因此，该公司主要销售的还是相对简单的车险和意外险，而仅靠这个规模公司难以维持生计，长期亏损终于导致了InsWeb股价一路狂跌，2011年InsWeb被美国著名个人理财网站Bankrate收购。

第五，互联网金融盈利模式尚未形成，尚有很长的路要走。从一些进入互联网金融的企业发展来看，形成良好的互联网金融盈利模式困难较大。例如，有的企业虽然涉足互联网金融领域，但只是将互联网作为渠道，而不是作为平台，缺乏基础核心应用，从而不利于形成"基础业务免费＋增值服务收费"的互联网金融盈利模式；还有些企业一味地为规模而规模，只是简单地以高收益吸引用户，却忽视了产品创新和用户体验，最终导致用户逐渐对产品失去兴趣，没有规模，必将难以形成持续健康的互联网金融盈利模式；有些企业为了吸引用户，加大广告投入，向投资者支付较高的收益，对第三方合作伙伴及用户采取免费策略，一直处于"烧钱阶段"，由于缺乏有效的最终盈利模式，企业难以为继。互联网金融发展涉及政府、传统金融机构、互联网公司、电信运营商多方博弈，互联网金融产业链整合困难较大，良好的生态系统难以形成，不利于互联网金融的发展，这在很大程度上制约了互联网金融盈利模式的形成。当前互联网金融盈利模式比较单一，跟风模仿较多，且尚不成熟完善，亟待开辟新的盈利模式。

综上分析，我们看到当前互联网金融模式尚未成熟，要形成良好的模式还有很长的路要走，需要互联网金融企业持续推进产品创新，有效把握客户核心需求，强化平台经营，更需要互联网金融产业链各方携起手来，为创造互联网金融持续的模式而共同努力。当前我国互联网金融呈现快速发展的势头，良好的互联网金融市场环境正在形成，为互联网金融业模式创新创造了条件。随着金融市场的逐步放开、互联网和移动互联网的快速发展，以及互联网金融产业链各方对互联网金融产业认识的深入，新的商业模式将会不断涌现，互联网金融产业将不断发展壮大。

二、互联网金融发展存在的风险

在市场经济活动中，风险无处不在。互联网金融的本质还是金融，是金融必然存在风险。凡事预则立，不预则废。在积极支持和鼓励互联网金融创新发展的同时，要清醒认识到互联网金融蕴藏的各种风险。只有对互联网金融风险有着清晰的认识和把握，才能采取有效的措施将各种风险控制在可承受的范围内，从而更好地促进互联网金融持续健康地发展，更好地提升互联网金融在服务社会经济发展中助推器的作用。纵观我国互联网金融发展现状，我们认为，当前我国互联网金融发展的风险主要体现在以下几个方面。

首先是市场风险。市场风险是传统金融体系固有的风险。作为互联网技术与金融领域结合的产物，互联网金融的市场风险有其独特的一面。市场风险主要体现在以下几点。

① 互联网金融企业要取得成功困难较大。互联网尤其是移动互联网遵循"两家法则"，只有进入市场的前两名，企业才能获得更好的发展。互联网金融是互联网和金融业的有效结合，同样遵循"两家法则"，正因如此，对于进入互联网金融的企业来说，其要取得成功面临的挑战较大。因此，互联网

金融企业就不能不顾企业资源能力，盲目跟风，而应选准市场的切入点，实现产品创新、模式创新。伴随着余额宝的巨大成功，一下子冒出 20 多个"宝宝们"，此情况很难保证这些"宝宝们"都能成功。

②互联网金融受到传统金融机构的抵制。互联网金融触及传统金融业的核心利益，在发展过程中不可避免会遭到传统金融机构的反击。例如，余额宝的成功，不断分流银行的存款，目前已有工商银行等 4 家大银行奋起反击，联手停止对余额宝提供协议存款服务，并下调支付宝快捷支付额度。传统金融企业虽然有强大的竞争优势，但仍要积极主动适应互联网发展趋势，要有更加开放的姿态，要有加快转型的危机感、紧迫感和使命感，而不是固守阵地，打压对手，否则传统金融企业必将在互联网金融战场中贻误商机。

③互联网金融面临市场挤兑、信用问题，市场风险较大。当前互联网金融竞争非常激烈，且其前期的投入很大，而压价竞争、让利销售，或者是压上游、补下游的做法非常普遍，盈利难度不小，使互联网金融的发展充满风险和挑战。由于便捷性和普惠性，互联网金融可以吸收更多的存款，发放更多的贷款，与更多的客户进行交易，但也面临着更大的风险。

④互联网金融企业受牌照和准入条件的制约，不利于市场进一步拓展。金融行业有一个不可逾越的门槛就是，各类金融业务一般都有特定的牌照和准入条件，这方面的限制性政策与互联网的自由创新特点有着天然的冲突，互联网企业如果在一定的法律框架下从事这种受限的业务，需要更灵活的适应力。金融毕竟也是一个高风险行业，在任何一个国家，金融的管制都非常严，准入门槛也非常高。如果对互联网金融企业牌照发放过严或拖的时间很长，实际上是在限制互联网金融的发展。

⑤互联网金融市场化程度不高。我国的互联网金融发展程度不高，大数据资源和大数据技术都没有跟上，现有多种模式偏离互联网金融核心。社会信用体系还处于完善阶段，较难依靠外界第三方力量对交易双方的信用状况进行准确评价。以 P2P 网络借贷为例，P2P 网络借贷平台一般强制要求借款人提供基础资料，自愿提供财产证明、学历证明等详细信息。一方面，此类信息极易造假，给信用评价提供错误依据，交易者也可能故意隐瞒不利己的信息，导致 P2P 网络借贷平台在选择客户时处于不利地位；另一方面，P2P 网络借贷平台所获取的资料存在滞后性、片面性，不能构成大数据资源。美国有完备而透明的个人信用认证体系，个人信用记录、社会保障号、个人税号、银行账号等材料可以充分验证借款人的信用水平；有多家独立、权威的信用评价公司通过高科技技术手段，提供信用评分和信用管理服务，广泛地服务个人贷款客户、小贷公司、银行等金融机构，因而美国的 P2P 网络借贷

平台真正属于互联网金融模式，极具发展优势。

其次是法律风险。我国有关金融的法律法规的规制对象主要是传统金融领域，由于无法涵盖互联网金融的众多方面，更无法贴合互联网金融的独有特性，势必会造成一定的法律冲突。现在很多互联网金融实际上游走于合法和非法之间，稍有不慎就可能会触碰非法吸收公众存款或非法集资的"高压线"。现在仍然有人意识不到非法集资的危害性，仍以发展民间金融的名义，要求国家有关部门给非法金融活动以生存空间。而向社会不特定对象筹集资金的非法集资活动，往往披着高收益等"华美外衣"，一些人在急切求富和盲目从众心理的支配下，草率甚至是盲目倾其所有参与集资，一旦资金链断裂，即给集资参与者造成巨大财产损失，甚至倾家荡产，进而引发社会动荡。因此，针对非法金融活动，政府监管部门应发现一起、查处一起，绝不姑息手软。以互联网金融中的融资模式为例，当前一些P2P网络借贷公司大搞线下业务，违规发行理财产品，因此对其加强监管、进行清理整顿在所难免。目前在金融领域发生的不法事件，如诈骗、非法集资等，其根源在于信息不对称。这个问题如果解决了，互联网金融的法律风险就可以大大降低。

再次是监管缺失风险。互联网金融的本质还是金融，其必然会面临如违约、价格波动、期限错配、欺诈等传统金融风险。目前，监管部门对以互联网金融派生出的金融风险，尚未提出配套的监管要求，如准入门槛、合规要求（资本充足率、保证金、流动性比率等）。监管的缺失使互联网金融积聚了大量风险。例如，淘金贷、优易网、安泰卓越、旺旺贷等互联网金融企业均先后爆出卷款而逃的违约事件。与此同时，对于以余额宝、理财通为代表的"T+0"类活期存款理财产品，已经存在较大的流动性兑付隐患。事实证明，越是缺乏监管，就越会加剧互联网金融的野蛮生长，从而造成风险更难控制，进而越不利于互联网金融长远健康地发展。

尽管如此，互联网金融对传统金融形成的"鲶鱼效应"却是不容否认的。对于传统金融来说，除了与互联网融合、大力发展"金融互联网"外，已别无选择。因此完全有理由相信，开放、自由、共享的互联网平台将给传统金融业创新带来超乎想象的机会，金融领域新一轮的国际竞争可能就此拉开帷幕。

最后是安全风险。随着互联网金融的快速发展，其面临的安全风险和挑战更加突出，主要涉及客户的资金安全、信息安全及系统安全。互联网很重要的特征就是大数据，数据共享和数据开放是大数据时代的一个发展方向，随着云服务的推出，很多互联网企业都是把一些敏感的数据放在互联网的云端，这给信息安全、资金安全带来了更大的挑战。还有就是互联网安全技术发展的不配套及一些互联网金融企业的不正当竞争往往会损害互联网金融的安全性，对广大客户造成巨大损失，如近些年快速发展的 P2P 网络借贷公司，由于面临重大的生存压力，为吸引流量，一些 P2P 网络借贷公司发布虚假或不实信息，从而隐瞒一些高收益产品借款者的不良财务信息。在风险暴露后，不少投资者损失惨重。

当前，互联网金融发展还处于起步阶段，存在风险是互联网金融快速发展过程中必然出现的现象，风险并不可怕，只要认真对待风险，对风险有着正确认识，采取有效的措施防范风险、控制风险，加强网络安全管理和监测，互联网金融会发展得更好、更健康、更持续。

第三节　互联网金融的应对策略

近几年来，互联网金融在全球快速发展，互联网金融以其独特的经营模式和价值创造方式，呈现出多种业务模式和产品形态，包括第三方支付理财、电子银行、P2P 网络借贷、小贷、众筹平台、互联网基金、互联网保险和互联网证券等。随着互联网对人们日常生活渗透的加快，互联网金融将成为整个金融生态体系中的重要力量，未来互联网金融将在社会经济发展中发挥更大作用。

诚然，互联网金融在我国还处于快速发展的起步阶段，还面临着各种各样的挑战，风险依然存在，未来不确定性在不断增加。为更好地促进互联网金融持续健康发展，需要互联网金融产业链各方携起手来，推进互联网金融模式创新，更需要政府建立灵活的监管体系，以鼓励互联网金融创新。

一、打造良好的互联网金融生态系统

互联网金融生态系统是指在一定时间和空间内由相关互联网金融产业链各方企业、消费者和市场与其所在的环境组成的整体系统。良好的互联网金融生态系统要求价值链各方相互合作、目标一致、风险共担、利益共享，共同构建一个有利于快速、有效地推动产业发展的整体，任何一方都要在整个互联网金融生态系统中发挥独特作用，从而才能更好地推动互联网金融生态系统的完善和健康发展。

英国著名经济学家克里斯多夫说过，市场上只有产业链而没有企业，企业之间的竞争就是产业链与产业链之间的竞争。当前，良好的互联网金融生态系统尚未形成，同质化竞争、征信体系不完善、互联网金融平台经营尚有差距、合作模式创新不够等，这些都成为互联网金融进一步发展的最大"瓶颈"。互联网金融企业要在激烈的市场竞争中站稳脚跟，打造互联网金融生态系统至关重要。如今，互联网金融的竞争已经上升到互联网金融生态系统之间的竞争，互联网金融生态系统的成功就是商业模式的成功。开放合作成为时代的主流，也是互联网思维的重要特征。互联网金融企业要积极打造开放合作的互联网金融平台，以吸引更多的合作伙伴参与其中，共同构建合作共赢的产业生态系统，以迎接移动互联网的机遇与挑战。

（一）打造良好的互联网金融产业生态系统指导思想和主要原则

如今，越来越多的企业认识到打造良好的互联网金融产业生态系统的重要性和紧迫性。打造良好的互联网金融产业生态系统是推进企业持续发展的一项重要内容，是实现企业持续发展的根本保证。

1. 指导思想

谷歌钱包为什么会失败，核心原因不是技术问题，而是产业链上下游都不配合，支持的运营商和手机机型寥寥无几，导致谷歌钱包因不能打造良好的产业生态系统而最终退出市场。互联网金融企业能否在充满机遇和挑战的互联网金融市场中获得长远健康的发展，在很大程度上取决于整合互联网金融产业链上下游资源、打造产业生态系统的能力。

在构建互联网金融产业生态系统过程中，互联网金融企业应坚持科学发展观，以打造良好的产业生态系统为目标，自觉运用互联网思维，坚持以客户为导向，以打造具有差异化的核心产品为核心，以平台经营贯穿企业经营发展全过程，以做大平台规模和流量为中心，以更加开放的姿态，广泛开展与产业链各方及政府部门、客户的合作，创新合作共赢模式，提高互联网金融平台的产业聚合能力和对客户的吸引力，从而形成一个相互促进、利益共享、共同成长、目标一致的有机体，进而实现互联网金融平台的价值，共同推动互联网金融持续健康发展。

2. 主要原则

为更好地推进互联网金融产业生态系统建设，实践中应遵循以下几个原则。

①多样性原则。哈佛教授扬西蒂认为，互联网金融产业生态系统中成员的多样性，是确保生态系统健康的重要保证。首先多样性对互联网金融企业应对不确定性环境起到了缓冲作用；其次，多样性有利于互联网金融产业生态系统价值的创造；最后，多样性是互联网金融产业生态系统实现自组织的先决条件。多样性原则要求互联网金融企业在打造产业生态系统时广泛开展

与产业链各环节合作伙伴的合作，聚集这些合作伙伴，共同实现产业的繁荣。余额宝的成功很大程度上建立在支付宝成功的基础上，此外，余额宝通过与基金公司、银行、政府部门和客户的合作，形成了多方共赢的生态环境，余额宝的成功根本就是产业生态系统的成功。

②开放性原则。开放是互联网经济的重要特征，单打独斗、什么都要自己做的时代已经一去不复返了，企业要更好地拓展市场，应采取更加开放的策略，开放的最终目的就是有效整合内外部资源，打造良好的生态环境，提高企业的竞争力。通过开放，加强与产业链上下游企业的多方合作，切实推进开放平台建设，共同做大产业规模，这是共赢之道，也是移动互联网的游戏规则。

③系统性原则。所谓系统是由相互联系、相互作用的若干要素，以一定结构组成的，具有一定整体功能的有机整体。互联网金融开放平台建设和产业生态系统的打造是一项系统工程，从产业生态系统来看，它包括投资者、金融机构、电商平台和互联网企业、网络运营商及周边供应商、监管机构等；从产业生态系统打造来看又涉及平台战略定位、合作规划、合作模式、合作分成、合作伙伴选择、平台开放标准、目标市场定位、产品创新等，它们共同构成产业生态系统的有机整体，只有各个要素相互协同一致，相互促进，才能更好地推进互联网金融产业生态系统的建设，才能更好地打造聚合能力强、具有竞争力的互联网金融平台。沃尔玛成为全球最大的零售商，关键在于构建和谐共生的商业生态系统，沃尔玛与其供应商、客户、政府、员工等共同构成了有机的商业生态系统的整体。

④和谐性原则。和谐是当今社会经济发展中的主旋律，社会要和谐，企业发展要和谐，企业生态系统建设也要和谐。加强产业链合作，推动产业生态系统建设已成为企业界达成的广泛共识，没有和谐，就不可能有发展，最终损失的不仅是广大消费者的利益，而是企业自身的利益损失最大。因此，打造良好的产业生态系统坚持和谐发展十分重要。和谐主要表现在利益分配比较均衡；能发挥各价值链主体的优势，分工要明确、合理；服从产业发展大局，相互支持，相互配合；勇担社会责任，对利益相关者负责；不搞恶性竞争，维护消费者利益，不欺诈投资者；遵守国家法律法规，合法经营，自觉维护国家金融安全；等等。总之，和谐是建立良好产业生态系统的基础和保障。近年来，出现了大量的 P2P 网络借贷企业倒闭潮，就是因为这些 P2P 网络借贷企业用欺骗的手段吸引投资者，进行非法集资，没有形成和谐的生态环境。因此，在这些重大、恶性的争议事件爆发之际，我们更多的是呼唤"和谐生态环境"，同时也需要政府部门加强监管，为互联网金融健康发展

创造良好的金融环境。

⑤利益共享原则。产业生态系统能否健康高效运行的关键是要实现利益共享，要让参与价值链的各方在合作中充分获得相应的利益，尤其在产业链形成和发展阶段，为聚合价值链各方积极性，应采取积极的利益共享原则，从而促进互联网金融业务的健康发展，更好地推进互联网金融平台的建设。同时要实行风险共担，从而形成真正以利益为纽带的产业共同体。

（二）加强互联网金融产业生态系统建设对策

互联网金融企业的成功不仅取决于企业的自身能力，还取决于它所选择生存的产业生态系统的整体环境和竞争力水平，所以产业生态系统的构建和产业生态系统之间的竞争正在变成企业间竞争的重中之重。互联网金融企业应如何打造产业生态系统呢？

首先，互联网金融企业要加强核心竞争力建设，不断提高聚合产业链上下游合作伙伴的能力。企业核心竞争力是指企业独特的、具有竞争对手难以模仿的核心能力。互联网金融企业要整合产业链资源、打造产业生态系统就必须有效培育核心竞争力。只有建立在强大核心竞争力基础上的产业链合作才最为有效，也最为牢靠。

拥有强大的核心能力是构建良好产业生态系统的关键，也是互联网金融企业打造互联网金融平台成功的根本。互联网金融企业应注重锻造哪些核心能力呢？当然任何企业不可能在所有方面都做得最好，只要在产业链当中某个环节能做好就可以了。没有好的产品，就不可能聚集产业链上下游合作伙伴共同发展；没有技术门槛，创新容易被复制，企业也难以成功；没有商业模式的创新，企业发展十分平庸，盈利十分困难，又怎么能构建产业生态系统？因此，互联网金融企业打造企业核心竞争力要根据各个企业实际状况灵活确定，打造企业核心竞争力可以从产品创新、提高技术门槛、提高客户体验、商业模式创新、整合内外部资源能力等方面综合考虑。

对于电商金融企业以打造强大的电商平台作为核心竞争力，为电商金融模式拓展创造条件；对于第三方支付平台要以打造差异化支付产品和服务作为核心竞争力，提高支付的便捷性和服务的有效性，从而聚集商家和客户，进而打造支付平台；对于P2P网络借贷企业要以提高风险控制能力为核心竞争力，从而打消投资人对风险的担忧，提高借款人的信用等级，形成良好的平台运营环境；针对众筹企业要以丰富平台产品项目、提高产品项目质量和项目成功率为核心竞争力，从而提高众筹平台的影响力；对于直销银行模式的企业，要以提高客户体验能力为核心竞争力，从而提高平台竞争力。

其次，积极推进多元化的产业链合作模式。互联网金融是一个开放的经济环境，任何一个企业都不可能拥有服务整合产业的所有资源。合作是打造产业生态系统的根本，因此，在构建互联网金融产业生态系统过程中要积极探索多元化的合作模式，在实践中可以选择的合作模式主要有以下几种：①建立产业联盟或企业联盟，联合产业链上下游企业，促进互联网金融健康发展；②通过战略联盟合作，提高平台竞争力；③通过收购、控股、参股、成立合资公司等资本经营方式，积极打造产业生态系统。

再次，制定平台游戏规则，强化互联网金融平台经营，实现平台经营与产业生态系统建设的完美结合。

互联网金融企业成功的关键在于打造互联网金融平台，平台的成功意味着互联网金融企业的成功。平台做得好，关键在于平台经营。如何做好平台经营？平台经营涉及哪些内容？平台经营与产业生态系统建设关系怎样？众筹网站、第三方支付、阿里小贷、余额宝、P2P网络借贷、浦发银行推出的金融超市等都是平台，它们要在互联网金融大发展中取得成功，应强化平台经营关系到平台的发展与成长。

互联网金融产业生态系统是平台经营的重要内容，只有制定有效的平台游戏规则，聚合越来越多的产业链合作伙伴，平台价值才能不断提升。可以说，平台经营和互联网金融产业生态系统建设是途殊同归。互联网金融产业生态系统建设是平台经营的重要内容，没有好的互联网金融产业生态系统，平台经营难以成功。因此，互联网金融产业生态系统建设是实现平台价值的最有效手段；打造有价值的开放平台的本质就是建立良好的互联网金融产业生态系统，两者目标一致，互为联系，共同目标是提升平台价值，实现企业持续健康发展。当然，平台经营的内容更加宽泛，除了包括互联网金融产业生态建设这一重要内容外，还包括平台战略定位、目标市场选择、平台运营、产品创新、客户体验和商业模式创新等。

制定平台规则是促进互联网金融平台健康运营的关键，这需要互联网金融企业明确回答几个问题：平台应为客户推出哪些金融产品？平台要为哪些客户服务？我们要与谁合作？选择的标准是什么？怎样进行合作分成？合作双方如何分工？如何调动合作伙伴的积极性？平台如何开放？开放的标准又是什么？对这些问题的正确回答是互联网金融企业做好平台经营和产业生态圈建设的重要保证。

平台经营和互联网金融产业生态系统建设是互联网金融发展的趋势，也越来越受到众多-联网金融企业和传统金融机构的青睐，如浦发银行推出的金融超市本质就是打造互联网金融服务平台，通过开放合作，打造互联网金融服务生态圈，从而为客户提供投资理财、贷款融资、生活服务等综合型、开放性金融服务。那平台经营和互联网金融产业生态系统建设要实现完美结合，应从这几方面进行考虑：①明确平台经营和互联网金融产业生态建设目标是一致的、统一的；②更加强化平台经营和互联网金融产业生态系统建设的运营过程的有机统一，实现高效运营；③无论是平台经营还是互联网金融产业生态环境建设，要从做业务开始，专注于把业务做大做强。

最后，加强互联网金融产业生态系统建设的过程管理，做好互联网金融产业生态系统建设的跟踪评估，确保互联网金融产业生态系统建设有效推进。在推进互联网金融产业生态系统建设过程中，在坚持"真诚合作、优势互补、利益共享、风险共担"的基础上，要加强合作过程的管理。我们要制定打造互联网金融产业生态系统的规划、目标、实施路径，制定战略联盟合作管理制度和办法，有效挑选合作伙伴和收购对象，建立一套战略联盟合作综合评价体系，重点对产业链合作状况等方面进行监控，广泛收集产业链合作过程中各类信息和数据，运用科学的方法，对战略联盟合作进行及时有效科学的评价，以利于企业及时发现问题，并采取有针对性的措施，不断提高企业产业合作的管理水平，确保互联网金融产业生态系统建设有效推进。整合上游下游的资源，理顺整个流程业务链条，提供信息流、资金流及全方位金融的解决方案给客户，建立共赢互补的深层次关系。

二、实现商业模式差异化创新

管理大师彼得·德鲁克曾说过："当今企业之间的竞争，不是产品之间的竞争，而是商业模式之间的竞争。"商业模式的竞争将是企业最高形态的竞争。因此，商业模式创新关系到互联网金融企业能否做精做大做强，关系到互联网金融产业能否持续健康发展。

目前，互联网金融主要包括理财模式、支付模式和融资模式3类。其中，余额宝、活期宝、现金宝等属于理财模式；支付宝、财付通、拉卡拉、翼支付、快钱等属于支付模式；人人贷、点名时间、阿里小贷等属于融资模式。这些模式当中也涌现出很多成功的企业和产品，如阿里小贷、融360、余额宝、微信支付、好贷网等，它们成功的关键在于商业模式创新。商业模式内涵十分丰富，主要包括战略定位、客户选择、产品创新、客户体验、开放合作、社会化营销、盈利模式等。对于进入互联网金融的企业来说，要最终赢得用户、赢得市场，就必须高度重视商业模式的创新。做好商业模式创新重点从以下几个方面着手。

第一，根据企业内外部环境变化，进行科学的平台战略定位。互联网金融蕴含巨大的市场，有越来越多的企业涌入互联网金融领域，使其成为创新创业的"热土"。对于进入互联网金融的企业来说，不能盲目进入，也不能过分模仿跟进，更不能只将互联网作为金融的销售渠道，这就需要互联网金融企业做好战略定位。

战略定位解决的就是企业在面对诸多互联网金融发展机遇时，怎样做出有利于企业自身发展、有利于在用户的心中占据有利地位的战略选择；战略定位的核心是指当企业面临环境的变化时，企业应该做什么而不做什么，如何解决企业面临环境变化和诸多不确定性所带来的新问题。一个正确的战略定位能明确企业的发展方向，能更好地发挥企业的优势，拓展企业有优势的业务，能使企业更好地适应市场环境的变化，形成差异化的竞争优势，能更好地激发广大员工的士气，增强组织活力。对于互联网金融企业，做好战略定位，要做到：①明确企业做什么、不做什么，以及未来发展方向和目标；②互联网金融企业要坚持有所为有所不为，聚焦重点，力争在垂直市场成为市场领先者；③提高洞察市场环境变化的能力。

第二，坚持客户导向，提高把握客户核心需求的能力。互联网金融充满着无限商机，任何企业要在互联网金融市场中获得很好的发展，就必须实现由产品导向向客户导向转变，不断提升洞察客户需求的能力。其关键要做到以下几点：①在获取客户信息上要拓宽视野；②在洞察客户的方法上要坚持创新；③强化在运营中把握客户需求的能力，通过开展大数据分析，为产品创新和持续优化、商业模式创新、合作模式创新、精准客户定位和服务创新提供有效的支撑。

第三，加强产品创新，注重客户体验，打造有吸引力的产品。产品是企业生存和发展的基础，产品创新的成败决定企业的命运，它是决定企业长远发展的关键所在。

在支付领域，开发丰富的集线上线下支付功能于一体、适应各类大小额支付需求的支付产品，还要在保障支付安全的基础上提高小额支付的便利性。在理财领域，互联网金融企业应根据客户需求开发差异化、定制化的理财产品，让普通客户也能享受到星级服务；在融资领域，开发基于客户消费行为的线上线下融资产品；在电商金融领域，要以打造集互联网商品销售、支付，融资等于一体的综合化电子商务平台为核心，满足广大消费者和小微企业的贷款需求。

做好互联网金融产品创新，要更加重视客户体验。互联网金融时代客户对金融服务易用性的要求越来越高，互联网金融企业及传统金融机构要在竞争中立于不败之地，就必须从客户角度出发，适应客户需求的变化，优化完善金融产品、营销方法、服务模式、作业流程、风险监控。要进一步注重产品和服务的用户交互设计，在保证账户安全的前提下，尽可能简化用户操作，为客户提供更加高效和便捷的金融服务。互联网金融企业要充分运用网站、移动客户端、微博、微信、社交网站等新媒体平台开展全方位的营销，实现与客户之间的开放交互式接触，及时高效地洞察客户需求，并根据客户反馈意见实现产品持续优化，不断提升客户体验。

互联网金融时代，客户需求呈现多样性的特点，互联网金融具有长尾市场的爆发性特点，因此，互联网金融企业和传统金融企业要努力打造差异化、个性化的金融服务产品。要做到这一点，关键在于洞察客户核心价值需求，积极运用大数据技术，通过大数据的集成挖掘分析客户的消费习惯和投资偏好，为客户量身定做优质的金融产品与服务。同时应建立以客户体验为核心的业务运营体系，为客户提供多元化的优质服务，并在运营中不断根据需求和建议提升客户体验。

第四，推进互联网金融盈利模式创新，以实现互联网金融企业可持续发展。盈利模式是互联网金融发展的核心问题，互联网金融企业只有实现持续盈利才能持续发展，互联网金融产业才能真正成为推动经济发展的新兴产业。当前，我国互联网金融及移动金融虽然发展迅猛，但由于互联网金融发展时间还不长，尤其是移动互联网金融盈利模式尚不成熟，众多互联网金融企业仍处于打造平台、扩大用户规模的投入阶段。当然，探索可持续的盈利模式应是互联网金融企业在发展过程中必须花大力气解决的问题，因为没有盈利模式的创新，就不可能有互联网金融的未来。

对于不同的互联网金融盈利模式也是有差异的，第三方支付的盈利点主要是商家手续费、增值服务及沉淀资金的有效利用产生的利息等收入等；电商金融的盈利点主要是贷款利息收入等；众筹模式的盈利点主要是按照成功项目方的融资额向其收取一定比例的费用、收取的股权作为平台中介费用，以及随着平台规模的扩大拓展的增值服务等；P2P网络借贷的盈利点主要是从借款人收取的一次性费用及向投资人收取的评估和管理费用；余额宝的盈利点主要是投资债券和协议存款的利息收入等；直销金融模式的盈利点主要是向合作方收取的交易费用或平台占用费，等以及随着平台规模的扩大的增值服务及广告收入等。

虽然互联网金融盈利模式的盈利点来源比较清晰，但由于目前互联网金融还处于行业发展的起步阶段，广大用户消费行为还处于培育阶段，因此急于向平台双边或多边市场收费是不明智的，这不仅不利于平台的打造，而且结果很可能事与愿违。因此，互联网金融企业当前最为紧迫的任务是把平台做起来，并扩大影响力，还要加强互联网金融产业生态系统建设，专注于产品创新和持续提升客户体验，在平台经营过程中探索最适合公司的盈利模式。总之，平台打造好了，客户增加了，流量增长了，企业才有赚钱的机会，才能拓宽盈利模式，进而实现盈利模式多元化。

三、加强对互联网金融行业的有效监管

随着互联网金融的快速发展，其风险的隐蔽性、传染性、广泛性、突发性不断增加，实践中也出现了一些问题。面对现阶段互联网金融发展过程中出现的种种问题和风险隐患，客观需要加强互联网金融的行业监管和行业自律，以促进互联网金融持续健康的发展。

第一，尽快制定互联网金融法律法规，为互联网金融市场综合治理提供法律依据。互联网金融当前的首要问题就是缺少监管方面的法律依据。互联网金融企业极易游走于法律盲区和监管漏洞之间，进行非法经营，甚至出现非法吸收公众存款、非法集资等现象。这累积了不少风险，如果继续放任将导致其系统风险高发，进而必将带来灾难性后果。因此，加快制定互联网金融相关法律法规十分必要和紧迫。

第二，推行互联网金融企业牌照及资质认定，建立分层监管机制，避免重复监管。互联网金融业务主体与业务类型复杂多变，因此需区分不同的监管部门。这就涉及两个问题：监管范围和协同监管。目前传统金融机构的互联网金融业务由中国银行保险监督管理委员会监管，第三方支付机构由人民银行监管，而某些互联网信贷平台依赖于当地的执法部门监管。因此，国家要建立统一监管和分层分类型监管机制。

第三，加强互联网金融行业自律，规范互联网金融业务模式。监管部门应让市场在金融资源配置中发挥决定性作用，发挥行业协会的作用，积极引导和支持互联网金融主体加强行业自律，完善管理，建立行业自律标准规范，以保护行业健康、有序、可持续发展。中国互联网金融协会即将成立，因此应发挥行业协会在加强行业自律、规避经营风险方面的作用。

第四，加强征信系统建设。互联网金融行业征信系统缺失，大量征信工作通过传统的线下审查来完成，如通过电话、身份户口信息、工作收入证明等进行贷方审查，这对还款能力难以进行有效评估，会直接导致互联网信贷坏账率居高不下，而且线下追偿效果有限，最后只能造成消费者的资金损失。因此，进一步完善互联网金融征信系统建设乃当务之急。

第五，监管做到不搞"一刀切"，严守"底线思维"。互联网金融在发展过程中面临诸多风险，对于互联网金融这一新生事物，监管部门不能"一

棒子"打死，应进行规范和引导，坚决守住互联网金融创新与监管的底线，并对以互联网金融名义实施的诈骗等违法犯罪活动绝不姑息，绝不允许触碰非法吸收公众存款和非法集资两条"底线"。因此，做好互联网金融监管要做到：遵循金融发展客观规律，坚决防止发生系统性风险；互联网金融发展需要设定适当的防火墙。其中不能吸收公众存款应特别值得关注，这是互联网金融与银行金融的"分水岭"。一旦超越红线，公众的利益就暴露在危险的境地。同时，互联网金融产品必须信息透明，这包括资金的使用方向、期限、风险等，绝不能出现过去很多理财产品出现的使用模糊不清、缺乏防火墙的风险。

第六，正确处理监管和鼓励创新的关系。加强互联网金融监管，并为促进互联网金融健康发展营造宽松的政策环境，而不是利用政府"有形的手"来抑制互联网金融发展，应充分发挥市场在资源配置中的决定性作用。因此，从监管部门来看，要站在促进我国金融业（含互联网金融）健康发展的高度，正确处理好监管和鼓励创新的关系。实践中，只要符合经济规律、提升金融服务效率、降低金融交易成本、最终有利于金融消费者的就应该积极支持；只要有利于打破现有金融业局限，特别是金融业的垄断，促进金融对实体经济支持的，就应该积极鼓励；只要能满足客户多元化、差异化的金融服务需求，更好地服务实体经济的金融创新，都应该大力提倡。总之，只要遵循市场经济规律，一切有利于包容性增长的金融活动、金融服务，都应该受到尊重和鼓励，要努力为互联网金融创新和发展创造宽松的政策环境。

参考文献

[1] 吴明华，钟诚. 电子商务安全 [M]. 2 版. 重庆：重庆大学出版社，2017.

[2] 朱长征. 电子商务物流 [M]. 北京：北京理工大学出版社，2016.

[3] 郭海佳. 21 世纪电子商务物流管理与新技术研究 [M]. 北京：中国水利水电出版社，2017.

[4] 唐光海. 电子商务下物流服务竞争优势研究 [M]. 北京：中国社会科学出版社，2017.

[5] 贾扶栋. 互联网金融创新与变革 [M]. 北京：中国财政经济出版社，2016.

[6] 裴平. 中国互联网金融发展研究 [M]. 南京：南京大学出版社，2017.

[7] 苏保祥. 互联网金融实践与创新 [M]. 北京：中国金融出版社，2015.

[8] 郭福春，陈利荣. 互联网金融发展理论与实践探索 [M]. 杭州：浙江工商大学出版社，2017.

[9] 薛刊. 经济发展转型与互联网金融思考 [M]. 北京：北京理工大学出版社，2017.

[10] 胡新. 互联网金融平台投资理财 [M]. 北京：清华大学出版社，2015.

[11] 宏皓. 中国未来经济模式——互联网金融如何助推中国经济转型升级 [M]. 北京：中国金融出版社，2015.